U0515893

海上絲綢之路基本文獻叢書

安南奏議

〔明〕張瓚等 撰

文物出版社

圖書在版編目（CIP）數據

安南奏議 /（明）張瓚等撰．-- 北京 ：文物出版社，2022.7

（海上絲綢之路基本文獻叢書）

ISBN 978-7-5010-7571-3

Ⅰ．①安… Ⅱ．①張… Ⅲ．①奏議－彙編－中國－明代②中越關係－國際關係史－史料－明代 Ⅳ．① K248.065 ② D829.333

中國版本圖書館 CIP 數據核字（2022）第 092144 號

海上絲綢之路基本文獻叢書

安南奏議

撰　　者：〔明〕張瓚 等
策　　劃：盛世博閱（北京）文化有限責任公司

封面設計：鞏榮彪
責任編輯：劉永海
責任印製：蘇　林

出版發行：文物出版社
社　　址：北京市東城區東直門内北小街 2 號樓
郵　　編：100007
網　　址：http://www.wenwu.com
經　　銷：新華書店
印　　刷：北京旺都印務有限公司
開　　本：787mm×1092mm　1/16
印　　張：17.25
版　　次：2022 年 7 月第 1 版
印　　次：2022 年 7 月第 1 次印刷
書　　號：ISBN 978-7-5010-7571-3
定　　價：98.00 圓

總緒

海上絲綢之路，一般意義上是指從秦漢至鴉片戰爭前中國與世界進行政治、經濟、文化交流的海上通道，主要分爲經由黄海、東海的海路最終抵達日本列島及朝鮮半島的東海航綫和以徐聞、合浦、廣州、泉州爲起點通往東南亞及印度洋地區的南海航綫。

在中國古代文獻中，最早、最詳細記載『海上絲綢之路』航綫的是東漢班固的《漢書·地理志》，詳細記載了西漢黄門譯長率領應募者入海『齎黄金雜繒而往』之事，書中所出現的地理記載與東南亞地區相關，并與實際的地理狀況基本相符。

東漢後，中國進入魏晉南北朝長達三百多年的分裂割據時期，絲路上的交往也走向低谷。這一時期的絲路交往，以法顯的西行最爲著名。法顯作爲從陸路西行到印度，再由海路回國的第一人，根據親身經歷所寫的《佛國記》（又稱《法顯傳》）一書，詳細介紹了古代中亞和印度、巴基斯坦、斯里蘭卡等地的歷史及風土人情，是瞭解和研究海陸絲綢之路的珍貴歷史資料。

隨着隋唐的統一，中國經濟重心的南移，中國與西方交通以海路爲主，海上絲綢之路進入大發展時期。廣州成爲唐朝最大的海外貿易中心，朝廷設立市舶司，專門管理海外貿易。唐代著名的地理學家賈耽（七三〇～八〇五年）的《皇華四達記》記載了從廣州通往阿拉伯地區的海上交通『廣州通夷道』，詳述了從廣州港出發，經越南、馬來半島、蘇門答臘半島至印度、錫蘭，直至波斯灣沿岸各國的航綫及沿途地區的方位、名稱、島礁、山川、民俗等。譯經大師義净西行求法，將沿途見聞寫成著作《大唐西域求法高僧傳》，詳細記載了海上絲綢之路的發展變化，是我們瞭解絲綢之路不可多得的第一手資料。

宋代的造船技術和航海技術顯著提高，指南針廣泛應用於航海，中國商船的遠航能力大大提升。北宋徐兢的《宣和奉使高麗圖經》詳細記述了船舶製造、海洋地理和往來航綫，是研究宋代海外交通史、中朝友好關係史、中朝經濟文化交流史的重要文獻。南宋趙汝適《諸蕃志》記載，南海有五十三個國家和地區與南宋通商貿易，形成了通往日本、高麗、東南亞、印度、波斯、阿拉伯等地的『海上絲綢之路』。宋代爲了加强商貿往來，於北宋神宗元豐三年（一〇八〇年）頒佈了中國歷史上第一部海洋貿易管理條例《廣州市舶條法》，并稱爲宋代貿易管理的制度範本。

元朝在經濟上採用重商主義政策，鼓勵海外貿易，中國與歐洲的聯繫與交往非常頻繁，其中馬可·波羅、伊本·白圖泰等歐洲旅行家來到中國，留下了大量的旅行記，記録元代海上絲綢之路的盛况。元代的汪大淵兩次出海，撰寫出《島夷志略》一書，記録了二百多個國名和地名，其中不少首次見於中國著録，涉及的地理範圍東至菲律賓群島，西至非洲。這些都反映了元朝時中西經濟文化交流的豐富内容。

明、清政府先後多次實施海禁政策，海上絲綢之路的貿易逐漸衰落。但是從明永樂三年至明宣德八年的二十八年裏，鄭和率船隊七下西洋，先後到達的國家多達三十多個，在進行經貿交流的同時，也極大地促進了中外文化的交流，這些都詳見於《西洋蕃國志》《星槎勝覽》《瀛涯勝覽》等典籍中。

關於海上絲綢之路的文獻記述，除上述官員、學者、求法或傳教高僧以及旅行者的著作外，自《漢書》之後，歷代正史大都列有《地理志》《四夷傳》《西域傳》《外國傳》《蠻夷傳》《屬國傳》等篇章，加上唐宋以來衆多的典制類文獻、地方史志文獻，集中反映了歷代王朝對於周邊部族、政權以及西方世界的認識，都是關於海上絲綢之路的原始史料性文獻。

海上絲綢之路概念的形成，經歷了一個演變的過程。十九世紀七十年代德國地理學家費迪南・馮・李希霍芬（Ferdinad Von Richthofen，一八三三～一九〇五），在其《中國：親身旅行和研究成果》第三卷中首次把輸出中國絲綢的東西陸路稱爲『絲綢之路』。有『歐洲漢學泰斗』之稱的法國漢學家沙畹（Édouard Chavannes，一八六五～一九一八），在其一九〇三年著作的《西突厥史料》中提出『絲路有海陸兩道』，蘊涵了海上絲綢之路最初提法。迄今發現最早正式提出『海上絲綢之路』一詞的是日本考古學家三杉隆敏，他在一九六七年出版《中國瓷器之旅：探索海上的絲綢之路》中首次使用『海上絲綢之路』一詞；一九七九年三杉隆敏又出版了《海上絲綢之路》一書，其立意和出發點局限在東西方之間的陶瓷貿易與交流史。

二十世紀八十年代以來，在海外交通史研究中，『海上絲綢之路』一詞逐漸成爲中外學術界廣泛接受的概念。根據姚楠等人研究，饒宗頤先生是華人中最早提出『海上絲綢之路』的人，他的《海道之絲路與昆侖舶》正式提出『海上絲路』的稱謂。選堂先生評價海上絲綢之路是外交、貿易和文化交流作用的通道。此後，大陸學者馮蔚然在一九七八年編寫的《航運史話》中，使用『海上絲綢之路』一詞，這是迄今學界查到的中國大陸最早使用『海上絲綢之路』的人，更多地限於航海活動領域的考察。一九八〇年北京大學陳炎教授提出『海上絲綢之路』研究，并於一九八一年發表《略論海上絲綢之路》一文。他對海上絲綢之路的理解超越以往，且帶有濃厚的愛國主義思想。陳炎教授之後，從事研究海上絲綢之路的學者越來越多，尤其沿海港口城市向聯合國申請海上絲綢之路非物質文化遺産活動，將海上絲綢之路研究推向新高潮。另外，國家把建設『絲綢之路經濟帶』和『二十一世紀海上絲綢之路』作爲對外發展方針，將這一學術課題提升爲國家願景的高度，使海上絲綢之路形成超越學術進入政經層面的熱潮。

與海上絲綢之路學的萬千氣象相對應，海上絲綢之路文獻的整理工作仍顯滯後，遠遠跟不上突飛猛進的研究進展。二〇一八年厦門大學、中山大學等單位聯合發起『海上絲綢之路文獻集成』專案，尚在醖釀當中。我們不揣淺陋，深入調查，廣泛搜集，將有關海上絲綢之路的原始史料文獻和研究文獻，分爲風俗物産、雜史筆記、海防海事、典章檔案等六個類别，彙編成《海上絲綢之路歷史文化叢書》，於二〇二〇年影印出版。此輯面市以來，深受各大圖書館及相關研究者好評。爲讓更多的讀者親近古籍文獻，我們遴選出前編中的菁華，彙編成《海上絲綢之路基本文獻叢書》，以單行本影印出版，以饗讀者，以期爲讀者展現出一幅幅中外經濟文化交流的精美畫卷，爲海上絲綢之路的研究提供歷史借鑒，爲『二十一世紀海上絲綢之路』倡議構想的實踐做好歷史的詮釋和注脚，從而達到『以史爲鑒』『古爲今用』的目的。

凡例

一、本編注重史料的珍稀性，從《海上絲綢之路歷史文化叢書》中遴選出菁華，擬出版百册單行本。

二、本編所選之文獻，其編纂的年代下限至一九四九年。

三、本編排序無嚴格定式，所選之文獻篇幅以二百餘頁爲宜，以便讀者閱讀使用。

四、本編所選文獻，每種前皆注明版本、著者。

五、本編文獻皆爲影印，原始文本掃描之後經過修復處理，仍存原式，少數文獻由於原始底本欠佳，略有模糊之處，不影響閱讀使用。

六、本編原始底本非一時一地之出版物，原書裝幀、開本多有不同，本書彙編之後，統一爲十六開右翻本。

目録

安南奏議

安南奏議

二卷

〔明〕張瓚等 撰

明嘉靖刻本

兵部爲

大慶事職方清吏司案呈奉本部送准禮部咨該本

部等部題禮科抄出　欽差鎮守雲南總兵官

征南將軍黔國公沐朝輔題稱嘉靖十六年十

壹月拾陸日據都指揮王守中等呈稱拾壹月

初玖日據原節差土酋阮伯敬賫官郝時新總

旗李倖把事楊者夷人白舟阿特等引領安南

國差來通事阮鐵突阮文禮貳名到營各職諭

以威德去後初拾日午時據頭目范正毅許三
省阮倩行人鄧敫武晉錫通事阮鐵実阮文禮
從人張曉等三十人執打白旗壹面上書安南
國頭目范正毅齎遞投降公文束身赴營投見
隨遞莫方瀛伏罪奏本正副貳道申遞三堂衙
門降書壹幅并頭目耆人叁百陸名申結與同
守巡兵備及各職并姜知府馮都司申狀叁夾
板又歸化府呈報職等公文壹角內稱俱遵奉

原行投降納欵各職審托范正毅等衆口壹詞
執稱莫方瀛悔罪投降再無別詐伏乞轉達
天朝聖主少寬誅戮以救壹國生靈之難等語再三
研審無異各職隨將范正毅等犒賞省令復回
巒浩寨幷隴等處住候呈請明示幷將原來奏
本公文於拾壹日午時呈送兵備道轉報外理
合呈亶等因到臣案候間本月拾捌日據整餙
臨安兵備雲南按察司副使鄭登高呈將奏本

降書呈送前来及稱看得委官知府姜恩等所
呈安南國同文中間情節雖未可盡信但能自
知順逆輸誠聽撫庸可嘉宥呈乞照詳隨即會
同巡撫雲南右僉都御史汪文盛及都布按三
司掌印守巡左布政使等官王俊民等開拆内
稱安南國大頭目莫方瀛嘉靖拾陸年拾月初
叁日准本國歸化府官譚僚具言本年玖月貳
拾肆日承見　天朝委官雲南等處承宣布政

使司掌歸安府知 府事姜雲南都指揮使司都
指揮馮王所差土酋阮伯敬等紙牌爲
大慶事奉雲南布按二司兵備守巡等道劄案俱奉
巡撫雲南等處地方都察院右僉都御史汪文
盛鎮守雲南總兵官征南将軍黔國公沐朝輔
案驗准兵部咨該本部題該禮部題奉
聖旨是安南國先次詔使不諭而返有傷體面又久
不入貢非叛而何兩處差官都依擬着實勘明奏

報便寫勑與他興師備討必行兵部便會官議奏
欽此欽遵備奉通行各職預備兵糧依奉遵照
外又奉本院案驗為陳情乞　恩正法以誅僭
逆事准兵部咨該安南國世孫黎寧具本令頭
目鄭惟憭奏稱本國先於正德拾壹年逆賊陳
暠作亂祖考黎賙遇害無子國人推立其父黎
譓權管國事方擬脩貢　請封被莫登庸與阮
時維等謀為不軌僭據國城阻絶貢使又復脅

立黎譓庶弟黎懬假權國事謀殺黎懬陰立己

子黎譓憂憤病故黎寧以嫡子嗣立仍居清華

地方遣鄭惟憭等赴京奏訴懇乞　天恩興師

討罪以救藩臣之急等因奉

聖旨這所奏安南事情着禮兵武三部即會多官議了

來說欽此欽遵該兵部會多官議差提督軍務粮

餉文武大臣并副參遊擊等官計處詳議具奏

仍差科道官隨征紀驗功次俱各該衙門奏

請施行奉
聖旨安南國在所必討你每既會議停當都依擬欽
此欽遵命將出師征討間又奉本院案驗内開
本年陸月初柒日該兵部題奉
聖旨安南國久不來庭義當興師問罪近據黎寧奏
稱莫登庸阻絶朝貢未審真僞且着地方官從宜
撫勦提督兩廣侍郎巡撫雲南都御史幷各總兵
官都寫勑與他欽此欽遵備奉通行職等即選的

當人員開誠省諭莫登庸父子如能悔罪輸誠
納土內附即便令其開具所轄府州縣土流官
員姓名并投降不致反叛結狀緣由呈報奏
請寬宥如其執迷自是即便明白回報以憑轉奏
定奪蒙此遵行間嘉靖拾陸年玖月拾伍日又奉本
院案驗內開該禮部等尚書嚴　等題為前
事會同多官看得提督兩廣兵部左侍郎潘旦
鎮守兩廣總兵官安遠侯柳珣各題稱安南國

事情乞要從長議處壹節臣等據該國府衛所
申事情既稱護守　欽賜印信而黎寧奏本又
有真正印文據黎寧奏稱黎譓脱居清化地方
鄭綏等俱係從難之臣今莫登庸却稱黎譓被
逆綏等挾討僭遜且黎寧尚在清化地方見今
差人告變志圖恢復今却稱本國俱已平定輒
行上　表求貢中間事情俱屬隱蔽遽難准從
但該國事情先經黎寧具奏節該兵部題奉

欽依著地方官從宜撫剿所據提督侍郎潘旦等具
奏前因合無候　命下之日將先次黎寧所奏
并見今該國長慶府諒山衛所申各先後事情
兵部備咨提督兩廣并巡撫雲南都御史各總
兵官查照先奉　明旨并今題奉　欽依事理
通行從宜勘處詳審順逆相機撫剿其差來人
陳必聞等俱聽總督等官審究明白徑自酌處
施行務在宣布　德威正名定難使姦宄削平

夷方賓服而　皇上興滅繼絕之仁誅殘去暴
之義兩得之矣奉
聖旨你每議得是便行與總督等官遵照前旨行欽
此欽遵備行職等推誠看此撫諭蒙此勘處黎
莫二家是非遠在邊方擅難遙度若非差人親
諭終欠明實且黎氏被脅播遷則無主之罪必
有其人法當先於首事莫氏護守印信則衛國
之忠似為可尚分宜早以自明况安南歷代以

來頫稱知禮其間忠義之士憤其故主失位艱
其勢力不敵籲哀求拯率衆内附亦其職之當
然義所必正者也若果黎氏失國之故事有所
因子孫日久流亡民無所定亦當備奏
天朝請為裁處豈宜陰逞邪謀明蹈反叛之跡哉夫
綱常之道同日月之照臨　帝王之仁如天地
之覆幬雖泰山壓卵成算較然而鋒鏑臨城夷
民何罪故暫停出師從容責實此　皇帝聖神

文武寬仁大度不遺荒遠之心也茲者　特勅
撫鎮等衙門推誠宣諭轉行各職查勘本國數
年未有定主國土統攝應該何人　欽賜真正
印信見今何人掌管并黎氏莫氏前後事跡始
末來歷就令見今管理國事之人先將所屬地
里圖獻　天朝以　請所封邊疆界止勘正明
白候有　明旨下示然後增脩貢賦恪謹臣節
則體勢自重名位益正世受藩土之榮國享安

平之樂如其聽命即便具本正副二道并四各
衙門公文用 天朝原 賜印信固封差的當
人員同去人前來以憑齎送 欽差衙門轉奏
定奪施行不得復如前次兩廣所據諒山衛長慶府
申文原無本國真正印信情偽莫辯難以依憑
轉達等因得此方瀛查照本國先於正德拾壹
年肆月陸日被逆賊陳暠作亂逼犯本國國都
國王黎賙遇害無子本月方瀛父莫登庸并右

瀧𦨭頭目黎義昭黎堈等共推黎賙長兄故黎
灝長子黎譓權管國事分差方瀛父并方瀛及
頭目阮弘裕等率領兵馬搜捕逆曷高戍逆高庸
死逆曷高子逆昇逃竄在本國諒山地方黎譓已
差頭目阮時雍阮儼阮正卿等齎捧歲貢并
奏事求封　表箋文奏啓本及方物請　命于
朝緣被逆昇竊據諒山衝要　朝貢不通嘉靖元
年柒月貳拾柒日夜被姦人杜𥁕潤陰聽逆臣

鄭綏狡計誘遷黎譓于外逆綏因而脅遷黎譓
於本國清都府源頭方瀛父并方瀛堅頭目黎
堈楊金鏢等以黎譓無子共推黎譓之弟黎懬
權攝國事已差頭目阮文泰范敦理鄭鹿等齎
捧歲貢并奏事求封　表箋文奏啓本及方物請
命于
朝嘉靖叁年正月捌日阮文泰等已到諒山
界首未見開関嘉靖肆年拾月玖日黎懬差方
瀛父并方瀛及頭目武護阮如桂裴堵等領兵

往清都府源頭捕得逆綏徒黨逆公侃等並身
并迎黎譓歸本國國都緣黎譓前在源頭久染
嵐瘴得病經年醫治弗效嘉靖伍年拾貳月捌
日黎譓病篤而卒若逆綏已竄死其餘黨並已
歸服國内稍安方瀛又請觧所領兵權歸于私
邑嘉靖陸年黎懬染被勞瘵疾證不能管事本
年陸月捌日黎懬自念身嬰重疾又無子孫壹
國事務無所統攝乃誅諸本國頭目黎義昭黎

垌范嘉謨楊金鑣武護阮如桂裴堵等及耆人

鄭江范克終鄧儀曾文桀等謂方瀛父有功于

本國可委以國事其頭目耆人皆悦從黎應乃

召方瀛父赴本國國都委以國事方瀛父固辭

本年拾貳月陸日黎應病篤再召方瀛父付以

天朝所　欽賜本國印信暫管國事本月貳拾捌日

黎應卒本國頭目范嘉謨裴堵楊金鑣武護阮

如桂杜世卿阮時雍黎伯驪王道亨范文訓鄧文

值范金梧武公彦杜伯瓛阮寕止黎烇阮有鐸
屈瓊玖阮茂阮文泰武幹阮秉和黃子路阮敬
阮亢宗武金錠范鉢阮玷范子宜阮檜范廷華
阮仁敬黃無疆阮榜阮唯范公吾阮文海黎克
光武資裴噲阮廷塤汪文裕裴敬信阮陛阮春
隊阮現阮文淵華璞杜一雷阮篤耆人黎文決
潘廷佐文俸黎敦亮黎公旦屈永瑕阮漢枚能
謙許三省裴允恊阮正卿阮致知范敬忠枚庵

居陳裴阮總阮貞吉武弘裴帛黄仁貿阮文壽
阮德蒙陳蕙阮秋岸黄鰕范公屹鄭麃郭文藻
陶秋闈阮秉彛等暨國人遵如黎慮所付托合
辭請方瀛父暫權管國事方瀛父不得已已於
本國國都謹守　天朝所　欽賜本國印信暫
權管國事撫集臣民恭俟　朝命仍差阮文泰
等齎捧奏事求封　表箋文　奏啓本及方物
請　命于朝其阮文泰等仍在諒山界首未見

開闢進程嘉靖捌年本國又有逆淵逆濾等嘯聚徒黨竊發於清都府源頭方瀛父差方瀛及頭目莫撅揚金鑣武護阮如桂裴堵等統領兵馬分道搜捕本年叁月日捕得逆淵逆濾幷往諒山地方捕得逆昦等正身並寘諸國法嘉靖玖年方瀛父以國內既平年且漸老國事繁多而方瀛係嫡子年長可代任本國事務乃謀諸國人其國人皆協從方瀛父乃付方瀛以

天朝所欽賜本國印信幹權管國事方瀛已於本
國國都謹守 天朝所 欽賜本國印信撫集
臣民恭俟 朝命再仍差阮文泰并差陳允亮
等齎捧奏事求封 表箋文奏啓本及方物請
命于 朝其阮文泰等往坐諒山界首經拾年餘方
物頗已舊敝未得開關進程方瀛前已有文書
并本國諒山長慶等府衛累有牒文供結隨次
遞與憑祥州轉達 欽差總鎮兩廣等衙門並

未見准行嘉靖拾陸年正月拾貳日阮文泰等
見廣西布政使司分守左江道左參議何牌差
舍人趙成到憑祥州督併官孫李珍責差頭目
前往鎮南大關曉諭本國通事之人作急取具
有無平定并應該何人承管國事歸壹真正印
信重甘結狀仍帶通事之人隨同回報以憑轉
報軍門議處施行等因其阮文泰等即備抄前項
紙牌轉達本國仍差行人陳必聞范光佐陳瑒

通事阮頴陳密等同舍人趙成等徃候查勘令
方瀛再見來文備言前事方瀛不勝喜懼之至
竊慮天地閒壹實理而已本國前後文書遍與
憑祥州及太平府廣西三司兩廣三府等衙門
并今所具奏本及書內所備本國事情顛末皆
是的確實事若逆黨鄭惟㦖所奏稱黎寧之事
係是假冒黎姓摹寫印文姦偽情狀終不可揜
然能察是非辨真偽其惟明決君子乎茲用稽

章達于鈞座文書到日煩為備將方瀛所具奏本轉遞于朝廡本國事情得以　上達則大人燭理之智達人之仁兩得之矣區區之情第深覬望不宣等因又據該國頭目裴堵等貳百肆拾玖名耆人黎文決等陸拾肆名申結亦同前因及稱裴堵等竊慮有壹國之臣民必有壹國之君長比者本國黎王乏嗣國內無主大頭目莫氏暫權管國事撫集臣民蓋受黎氏之付托

順壹國之人心故境內晏然悉歸統屬如其僭
竊自立則壹國豪傑安肯屈服爲之下哉況莫
氏乃累世舊臣素稱忠義設使黎氏猶有子孫
則莫氏豈無存孤之心乎彼黎寧顯是逃罪人
阮淦之子詐冒黎氏摹寫印文妄訴于
天朝其姦偽情狀不辯自明若本國所屬地里已具
在
大明一統誌內不必圖獻爲此備由具申
乞備將本國奏本轉遞　天朝使本國事情得

以　上達斯壹國生靈之幸等因行間又據兵
備副使鄭登高呈准都指揮僉事馮立手本開
稱本職於拾壹月拾伍日行至欽化長官司據
原差探事把事白俊男白遇春報稱前去交崗
探得武文淵等弟兄領兵先將莫登庸守鎮營
攻破莫登庸領兵數多於玖月初捌日前來攻
殺武文淵等分為肆哨夾攻拒殺得勝有莫登
庸隨後添兵相敵武文淵等見伊兵衆掣兵回

還本寨固守訖等因同將取到武文淵等回與千戶吳璋印信文書壹紙送道備由呈報到臣查得武文淵書內開稱文淵等奉三堂明文招撫各處義士素仰歸附從征逆庸父子建立事功南國騷動其逆庸父子他見事發難服衆心逆庸再謀不測於玖月初捌日逼攻文淵等文淵等分為肆道相夾與逆庸兵交戰我兵拾遭俱利斬得賊將偽官美裕侯莫邦佐泗陽侯范

十宜貳名并賊兵叁百餘名收聚文書器械數
多其逆虜兵衆文淵等設險據要且攻且守逆
虜不利至拾月初拾日逆虜兵並已退回於本
月貳拾叁日承見貴官信到公第平安文淵等
喜不自勝為此備言具陳事情伏惟高照等因
據此案照先該巡撫衙門准兵部咨該禮部等
衙門尚書等官夏　等議擬備剳安南事宜題
奉

聖旨是安南國先次詔使不諭而逐有傷體面又久
不入貢非叛而何兩處差官都依擬着實勘明奏
報便寫勑與他去興師備討必行兵部會官議奏
欽此欽遵又該太師兼太子太師武定侯郭
奏為竭愚忠正　國體以明　天討事奉
聖旨這所奏兵部便會官一併議奏欽此又該本部
議擬題奉
聖旨安南國背叛不庭在所必討你每既會議停當

都依擬差去官著實查勘明白星夜奏来定奪施
行欽此欽遵俱備咨前来該廵撫都御史汪文盛
會案行仰雲南都布按三司即行都指揮馮立
離任前去會同該道守廵兵備等官差委緣事
都指揮王守中指揮魏忠趙光祖火忌徐相千
百戶吳璋馮忠等分投壹往敎化八寨長官司
著落土舍張澤責差通把白俊李者来土舍儂
福祥儂僖與同前去武嚴威武子陵武文淵等

營內宣諭　朝廷德意恩威令其革面向化歸附從軍壹往元江府著落土舍那鈺同往老撾宣慰司查光紹在彼就令該司照舊慰留居住令其備將彼國作亂之人并始末緣由開報土舍那鈺等仍鼓舞忠義得率勇敢會同老撾八百車里各該衙門整點精兵象馬聽候調用壹往建水州地名五邦着落原先避住交人刁蘭刁鮮查有精兵若干伊亦備知彼國倡亂來歷

令其從實開報聽調壹行廣南府并富州土舍
儂承恩沈文秀等八寨土舍瓏鳳翔等查照與
張澤等各操練人馬固守邊疆該道兵備官督
同守備官往來提調將蓮花灘壹帶沿邊去處
嚴謹隄備毋容姦細人等潛入　中國探聽消
息壹行臨安曲靖瀾滄金騰各兵備官查理兵
夫布政司查理錢粮及具本題　知去後又該
巡撫衙門准兵部咨准禮部咨該安南國世孫

黎寧具本差使臣鄭惟憭奏為陳情乞
恩正法以誅僭逆事該本部覆題奉
聖旨這夷情真偽你每既譯審不出依擬兵部便行
與原差勘事官會同兩廣雲南鎮守撫按衙門壹
併查勘明白議處停當作急奏來定奪鄭惟憭等
着錦衣衛拘留嚴密處所聽候不許與外人交接
光祿寺照朝鮮國貢使例供給欽此欽遵備咨前
來又經催行分投查勘去後又准兵部咨同前

事該安南國使臣鄭惟僚具呈本國事情該本
部議擬覆題奉
聖旨安南國久不来庭法當問罪今本國奏稱逆臣
莫登庸篡亂阻絕貢路又僭稱名號僞置官屬罪
狀顯著你每既會議明白便命将出師前去征討
總督等官各推選素有才望的来看調度兵粮事
宜户兵二部即議處具奏其餘依擬欽此欽遵備
咨前来又經會行三司各道通行所屬大小土

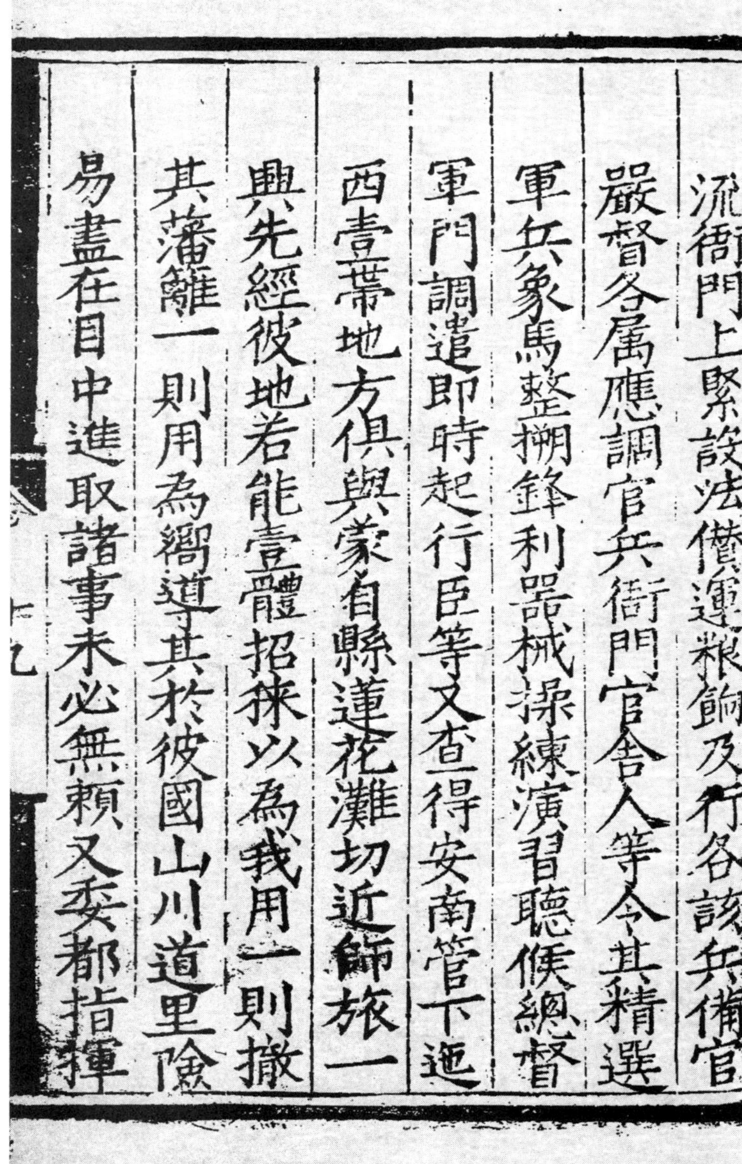

流衙門上緊設法儹運粮餉及行各該兵備官嚴督各屬應調官兵衙門官舍人等令其精選軍兵象馬整搠鋒利器械操練演習聽候總督軍門調遣即時起行臣等又查得安南管下迤西壹帶地方俱與蒙自縣蓮花灘切近師旅一興先經彼地若能壹體招徠以為我用一則撤其藩籬一則用為嚮導其於彼國山川道里險易盡在目中進取諸事未必無賴又委都指揮

王守中指揮萬祴等前往五邦等處多方招諭各該土官土舍人等各傾心歸附續據兵備副使鄭登高分守右叅政葉珩分巡僉事郭田都指揮馮立各將督據臨安府知府姜恩都指揮王守中指揮趙光祖萬祴徐相等陸續招撫得安南國夷人武文淵武子陵武文約武文密武金鑣武文白黃明哲程爛峒土官陶仙綏阜州土舍刀鮮土官猛来猛索猛頁猛喇猛米猛鋒

萬了猛鮓猛冷廣陵州土官刀雷整美孟陵孟
收等處土官刀整美刀陵刀收昭晋黃岩瓊崖
莱州譙州土官刀禛刀珖刀林刀明刀堅與寧
遠州地方紅衣寨火頭刀湃等各情願歸附點
選夷兵從軍征進緣由節次呈報及據綏阜州
土舍刀鮮同黃明哲等將逆賊莫登庸差来探
聽消息姦細偽官阮璟裴行儉并隨從交人何
子陵等八名擒獲與原帶偽印壹顆大誥壹冊

解送前来俱經會議壹面具奏壹面行令武文
淵等操練人馬各守境土聽候調用如遇莫登
庸等賊兵過界即便相機併力截殺壹面催促
所屬操練兵馬聽調壹面先令布政司置買銀
牌綵段賞勞刀鮮等以勵其餘去後又查得蓮
花灘五邦等處地方切隣交阯而蓮花灘又係
進兵水陸通衢若不速行據守萬一賊人乘隙
先至我兵又有攻取之勞必須調集漢土官兵

於蓮花灘結立營寨添設守備官壹員彈壓邊徼遥振軍威般運粮米打造船隻整理器械分遣偵諜盤詰姦細非但堅彼壹方歸附之心亦因以立各夷憑藉之勢廣南府并富州僻處我邊亦鄰交壤元江府又與紅衣寨迤南壹帶相近俱屬唇齒喉襟通合防守捍禦一面會本兵題一面先行調撥雲南左等陸衛漢土馬歩軍兵壹千名添委指揮貳員千戶肆員百戶拾員

與原在臨安協守官軍柒百伍拾員名并調附
近寧州新化嶍峨州縣及納樓茶甸等九長官
司土兵共肆千玖百名通共漢土軍兵陸千陸
百伍拾員名責令各該土官土舍整點剋期前
去俱聽馮立王守中調撥防守又調曲靖六涼
貳衛官軍貳百伍拾員名行委曲靖衛指揮梅
鑾督領會同廣南府知府趙時督率原帶協守
官軍三百五十員名在彼住劄相機防禦有警

調取廣南府并富州土舍儂承恩沈文秀下土
兵各壹千名沈寶下伍百名隨軍征剿其元江
府切近紅衣寨一帶地方專委守備魏忠恊同
土舍那鉦督率該府兵馬并紅衣寨火頭刁湃
等併力防守及行老撾車里八百各宣慰司壹
體整搠人馬俱屬魏忠那鉦管理各該將領俱
聽馮立分布調用蓮花灘結爲大營築壍濠壕
練兵設備梅縈之兵在其東魏忠那鉦之兵在

其西陶仙之兵在其南武文淵之兵在其東南
刀雷等之兵在其西南號令嚴明官軍整肅凜
然有虎豹在山之勢無事則固守邊疆有警則
互相策應仍行令武文淵刀鮮等宣諭安南各
府州縣官吏有能以全城歸附者即以其城許
令管領其江北伯夷願歸附者一體安插原有
基址務使安堵如故不知有兵戒諭防守官兵
不許分毫擾害以絕其將來歸附之心違者許

以軍法從事及行老撾宣慰司冠帶土舍怕雅
罕開令其多撥兵夫象馬把守關隘仍倡率忠
義鼓舞人心會同車里八百孟艮等處土舍刀
攬那刀坎刀交等多起慣戰夷兵象馬整搠鋒
利器械會合進剿續據兵備副使鄭登高呈據
交人武文淵等呈稱文淵等差人潛往本國招
得同列之人侯伯陳倧蘇畐玩文林副將杜繼
紹賛理黄公幹土官阮仁祐陶畣等并鄰境土

官情已歸附仍有人就文淵等營內抄取明文
將回本貫陰諭該內兵民整搠器械待
天兵至日願為向引從征逆庸父子建立事功等因
到臣行令各整點部下兵馬會合武文淵等一
面相機協力剿殺一面令其遞相傳諭原先不
肯從逆見今割據地方忠義之士一體響應互
相應援內攻幷令轉諭彼逆庸父子脅從之人
有能察知順逆先期解散與免本罪若能計擒

首惡者一體具奏陞賞及會行都指揮王守中
知府姜恩等選差乖覺人役或情願報効人員
徑往安南面諭莫方瀛父子趁時歸附當今
天子聖明英武神人助順將士忠勇甲兵數百萬仗
義南征泰山之壓累卵爾方瀛父子猷逞螳臂
以當車輪其可得哉不過竄身海島偷生旦夕
釜中之魚豈能久活反覆言之非為方瀛父子
惜蓋以安南　中國之郡縣也其人民中國之

赤子也但恐　天兵一至玉石俱焚罪止方瀛父子彼郡縣赤子何辜而乃與之同死哉爾方瀛父子早爲之所毋貽噬臍之悔如能轉禍爲福傾心歸附急具降　表并所領州縣地土數目土流官吏姓名作急差人呈報以憑轉奏取自　上裁若怙終不悛執迷自是則方瀛等面縛轅門生擒麾下欵求一生已無及矣作速具由回報去後又該巡撫衙門准兵部咨爲陳情

乞 恩正法以誅僭逆事該本部等衙門會議

題奉

聖旨安南國久不來庭義當興師問罪近據黎寧奏

稱其臣莫登庸篡逆阻絕朝貢未審真偽且着地

方官員從宜撫勦提督兩廣侍郎巡撫雲南都御

史幷各總兵官都另寫勅與他欽此欽遵又准本

部咨該臣等會題為 大慶事該本部議擬合

候 命下本部備行兩廣雲南撫鎮等官先將

刁鮮黄明哲李孟元給與冠帶量加賞賚以勵彼國歸附之人仍出給榜文曉諭彼國官民人等凡以全城背逆就便先行投首者審無詐僞即以全城與之管領仍善加撫恤有能擒斬賊首及逆黨者一體陞賞其脅從者聽撫按查明罔治僞官知州阮璟等仍行雲南撫按會審無異即梟首示衆等因題奉

聖旨莫登庸既篡逆本國又擅作大誥僭擬名號好

生背叛朝廷罪在不赦便勑雲南兩廣鎮巡等官
遵照前旨上緊多方計畫協力征勦務得罪人以
安南土刀鮮黄明哲李孟元都給與冠帶仍各賞
銀叁拾兩紵絲貳表裏阮璟等且都牢固監候沐
朝輔汪文盛寫勑奬勵其餘依擬欽此臣等聞
命自　天措躬無地除欽遵外又准兵部咨該臣等
會題本部議擬覆題奉
聖旨武文淵傾心歸附慕義可嘉着給與冠帶仍賜

武職四品服色賞銀伍拾兩紵絲肆表裏武子陵
等也給與他冠帶趙光祖等且各賞銀拾兩紵絲
壹表裏其餘依擬欽此欽遵備咨前來又經會同
出給榜文齎去臨安兵備官處督同知府姜恩
都指揮王守中徐相責差的當人員齎付世孫
黎寧及先已歸附交人武文淵等各五道刀鮮
李孟元黄明哲陶岙刀雷刀整美刀陵刀收刀
禎刀珖刀林刀明刀堅猛來猛索猛貞猛剌猛

米猛鋅萬了猛鮓猛泠陳悰蘇嵒杜繼紹黃公
幹阮仁祐阮文林陶㑹等各一道令其曉諭安
南國地方人民使知　累朝恩意優待爾一方
之人安生樂業豈殖子孫百幾十年並育之仁
亦已至矣茲者逆庸父子弒主簒國自造妖孽
得罪于　天神人共怒世孫黎寧告变我
聖天子君主華夷恭行　天討盖憫黎氏封國
之阽危矜世孫奏詞之懇切伐罪弔民正名定

難兵滅繼絶去暴除殘以救爾一方之人我
國家繼天立極爲萬國 主際地所載環海内外
罔不歡呼教化服承正朔號召兵馬百蠻響應
顧我疆場自有節制而餘閒士馬動萬萬計猛
將悍卒謀臣智士在在雲屯干戈如林穀粟如
山師出有名人人發憤若縱 天誅順人力恐
南土之人無復遺類我 聖天子神武不殺博
愛兼懷謂天之所覆皆吾赤子草有自來人則

何罪俾曉諭安南土流官員頭目地方人等令宜挨堵如故首先全城歸附者速赴軍前投告即與全城照舊管理仍加意撫恤免其粮差有能擒斬賊首及逆黨者一體陞賞脅從者一切罔治其逆庸父子亦宜識順逆之理見夫就之機改圖返轍因禍為福不待 天兵之至挈其土地歸命 天朝即與會議奏請 定奪然師不稽行見幾惟速百萬貔貅將壓境上火炎崑

罔玉石俱焚無飾虐辭發至先誅續據兵備副
使鄭登高呈據都指揮王守中呈稱本月十七
日申時據李孟元手下採事戎人阿烟報稱有
蛮酋寨白法言稱拾陸日莫方瀛差人領兵駕
舡叁隻已到蓮花灘將陶土官并各處軍兵調
去程爛峒取齊灘上俱是交兵守把陶土官差
人來說道有莫方瀛手下大總兵官西寧侯阮
敬聞知　天朝舉兵及光茴子孫見在阮敬領

兵不知又去何處去了莫登庸厮殺難以托人
父子分投搪抵各處軍馬莫方瀛親領大軍已
到文盤州言說左右是死要來綏阜州并交崗
地方大殺壹遭跟隨軍兵逃的也有來的也有
千萬稟報本職若有軍多在此營坐若是軍少
莫要在此且回去罷陶土官真心歸順但他兵
多只得屈從 天兵到來土官自有分曉等語
到職尤恐不的又差蠻寮寨民官慣尉去蠻浩

寨復查白法回說委有多兵到於灘上要来攻打本營幷今墩五邦已將隔江沿河山上各寨水旱伯夷俱調去了白法寨牛隻俱趕在山箐藏救令他在寨答應賺哄莫走消息白法[illegible]言我不實說交阯壹時上来傷了 天兵我的寨子性命都保不得如今人心反他的多他上来羸也是這遭輸也是這遭千萬稟本職多看軍馬防守伺候攔路殺他繞圤等語查盖元再四

譯問無異隨喚兵黃明哲寫說相同除嚴督官兵申明軍令防守截殺外伏望速賜發兵應援以壯威武等因前來隨即批行兵備副使鄭登高行委新任署都指揮僉事徐相帶領軍兵前去應援審度事勢緩急相機施行去後拾月貳拾伍日又據本官呈據都指揮王守中徐相揭帖報稱本月拾伍日午時據刀鮮李孟元入營稟稱陶仙差把事梁金玉陶勉等傳說九月到今

拾月内有武文淵舉兵將莫方瀛守鎮營攻破
生擒巡檢堡官莫方瀛殺他不羸着軍馬暗往
後路去攻開武文淵住寨將他妻子人口虜去
來報武文淵發兵截路將莫方瀛軍馬殺敗人
口奪回如今武文淵在同蒙寨下營莫方瀛亦
在明光衛小三江下營各職又問莫登庸今在
何處各稱不知在廣東廣西或交阯迤西地方
等語看得莫賊畧所畏憚者惟武文淵弟兄今

據報說彼此相持日久誠恐賊兵大集四面夾
攻挫其銳氣未免寡不敵衆內附諸夷望風而
觧伏乞籌奪等因到臣看得所報前項事情固
難盡信然即其理勢似亦不虛彼逆賊父子旣
離信地親自領兵則其勢益窮促可知但我
天朝兵馬固不可輕率以擅入彼地而沿邉關隘尤
當嚴謹以防其奔突隨行臨安兵備官備行武
文淵等轉諭近日招得同列交官陳悰蘇品杜

繼紹黄公幹阮仁祐阮文林陶仙等各督兵馬前来會合相機攻襲并差人通會黎寧約會老撾宣慰司冠帶土舍怕雅罕開各統夷兵象馬並起響應四面夾攻及令都指揮馮立督領指揮趙光祖萬械等嚴督土舍張澤瓏鳳翔通把自俊李者来及王弄山長官司兵夫在於八寨切近武文淵地方住劄遥振軍威使武文淵等得以藉勢追襲仍令王守中嚴督刀鮮等

整欄五邦等處兵夫與李孟元黃明哲等協心倡率廣陵昭晉黃岩萊州譙州瓊崖整美孟陵孟收等處內附土官刀禎刀明刀珖刀林刀堅刀整美刀陵刀收等各部下兵馬傳報世孫黎寧及武文淵等互相應援併力剿殺去後今據前因臣等看得呈到前項奏本降書結狀緣係外夷乞罪來文事體重大會同巡撫都御史汪文盛巡按御史陰汝登行據雲南等處承宣布

政使司呈准本司掌印左布政使王俊民咨奉
臣等案驗前事依奉會同本司右布政使李顒
雲南都按二司署印副使朱方都指揮僉事樊
泰分守臨元帶管督粮塩法右參政車純議照
帝王之馭夷狄拒則懲其不恪而以刑威之來則嘉
其慕義而以禮懷之此所謂治之以不治之法
也安南雖云外國實我 中國輿圖納貢稱臣
其來已遠自倡亂於陳暠之叛逆而黎賙遇害

繼亂於莫登庸之姦雄而黎譓播遷貢職不修
二十餘年今世孫黎寧所奏莫登庸謀爲不軌
黎譓間道竄於清華地方莫方瀛書内執稱黎
譓聽姦人鄭綏等誘遷清都暨國頭目以黎譓
無子共推伊弟黎懬權攝國事後迎黎譓歸還
國都病篤而卒黎懬染被痨瘵不能管事又無
子孫乃謀本國頭目人等召父莫登庸付以
欽賜印信暫管國事黎懬卒莫登庸不得已於本國

國都謹守 天朝所欽賜印信權管國事後國內既平方瀛年長可代任本國事務父乃謀諸國人皆從乃付方瀛 欽賜印信權管國事撫集臣民已經差人奏事求封未得開關進程及稱鄭惟憭所奏稱黎寧係是阮淦之子詐冒黎姓摹寫印文妄訴及據暨國耆人申狀共舉方瀛等情論以大義土地人民受之

天朝黎譓孱弱失守不能及時以生變登庸父子擅

專國柄又未具由以　上聞其間互相魚肉塗
炭生靈阻絶貢路法亦難逭今當聲罪致討之
時乃有投降歸附之舉是蓋　朝廷之威有以
畏之然者武文淵彼之効敵也招之首先歸附
而願爲先鋒率遂綏阜水尾等州各土酋彼之
藩籬也招之次第投順而願爲鄕導阮璟裴行
儉彼之僞官也彼土舍刀鮮以姦細擒獲解報
固知將來罪莫可逃而求生之望自不容已况

奉　欽依從宜撫剿及逆賊畏　威懷德悔罪
向化繫頸軍門待以不死星馳奏　聞今莫方
瀛既投降伏罪具奏陳情雖皆文飾之詞實出
求生之願所據原先歸附土酋及蓮花灘防守
官軍有功人員陞賞等項事宜俱應議處其乞
罪奏文相應轉達與黎莫二氏占據土地均請
上裁及照安南國王印信黎氏莫氏各藏其一真僞
莫辯相應具奏辯驗僞者令其自行銷燬俟職

有定分另行　請給黄明哲等以其人歸刀鮮
等以其地歸既蒙
恩賞矣相應隨其所居而安插之使之各自管食莫
方瀛等既恭俟　天命不許仍前互相吞噬以
取誅戮其寧遠州等處地方原係雲南臨安府
管轄因與交地相攙久沒於夷應復歸臨安管
下優恤三年之後令其比照土官衙門事規出
辦差發再照蓮花灘結營防守軍兵一以遥振

軍威一以招納降附今莫方瀛既已歸順前營
不掣未免致起疑心相應併行兵備道查處掣
回仍存一千名照舊在於臨安協守及照臨安
兵備帶管分巡臨元道副使鄭登高分守臨元
道右參政葉珩都指揮僉事馮立臨安府知府
姜恩整飭邊備計慮周詳招撫土酋接踵投順
都指揮僉事王守中統領兵營不避艱險善用
牙爪招致方瀛其餘各該從事官員知署都指

揮僉事徐相指揮趙光祖萬誠魏忠千户馮忠
吴璋推官郭昂知縣張澤與各起採報聲息承
委招撫隨營報効漢土官舍旗軍目把人等俱
有冐險之功防禦之力内王守中尤其盡心効
勞於所事者俱應通行奏
聞以俟該部議擬施行等因到臣會同巡撫雲南等
處地方都察院右僉都御史汪文盛巡按雲南
監察御史陰汝登議得 聖人一視之仁同体

乾坤之覆載　帝王九伐之法尤嚴夷狄之憑
陵黎庶莫方瀛與其父莫登庸蠢爾蠻夷罪之
魁首乘危而竟奪人之國恃險而自食土之毛
夷狄相攻固不足較然安南為　朝廷封土非
西戎北狄之比是莫方瀛等雖多方文飾然僭
逆之罪已難逃　聖明洞察之下論法合當誅
剿但聞罪之師将臨而乞罪之請遽至益深思
既往之愆不敢冒昧以入貢欲新将來之善相

卒闢蜀以來降夫改過者聖門所與首罪者
王法不誅況叛則討之服則舍之又古帝王待夷狄
之道也既該三司等官㕘議前來所據莫方瀛
請罪奏文正副二本干係外夷乞降臣等不敢
輒擅拒絕理合封 進取自 上裁伏乞早賜
宸斷仰惟 皇上文武聖神 聰明睿智
至仁默極羣生悉囿於甄陶 盛德配天萬國盡歸
於統御乃令莫方瀛等不勞一矢之遺而自縶

頭以待　命徒侍左言之信而乃率衆以搜降
夷心亦有人心醜類乃同人類　天涵地育
聖人廓無外之仁近悅遠來　王者溥維新之化
蹟隆往古　德洽殊方蓋帷幄獻籌心之謀本兵壽
安遠之計始因禮部尚書夏　等之奏
命臣等格撫武文淵等以爲鄉導繼因武定侯郭
之言　命臣等整搠兵馬以振威聲又因右都
御史毛　之論　命臣等計處兵糧聽候調

度又因兵部尚書張　等之請　命臣等地方
官員從宜撫剿又因禮部尚書嚴　等多官之
議　命臣等分別順逆相機行事　恩威並著
仁義兼行睿謀之出如神兵事不專征剿以此官
將用命漢土協忠都指揮王守中等提兵冒險威
日以揚土官刁鮮等集兵固守招之不去又因
擒獲奸細黨與寒心陶仙刁雷等土官多人望
風内附出兵從征解其藩籬莫方瀛又與武文

淵等連營交戰被武文淵斬獲數多及兵部題
奉 欽依令臣等出榜招諭而安南郡縣太平
動搖莫方瀛等身離巢穴人萌異圖勢益孤懸
自相牽制欲進則恐廣兵陷其城欲退則恐我
兵躡其後一聞招撫如獲更生納欵投降輸誠
悔罪乃其度德量力審勢達時因禍為福之機
也如蒙 特勅廷臣從長計議必霽
天威斷自 聖心將莫方瀛父子所賜寬宥俾其改

過安分不許與世孫黎寧及武文淵等互相讎殺
遺患地方其　欽賜印信兩家俱有係僞者合
當令其銷繳候職有定分另行　請給庶幾少
杜僭妄惟復別　賜定奪莫芳瀛之乞罪固
有可原而黎寧之宗祀亦不可絶緣前項事体
關係重大非臣等愚陋膚浅之見所敢擅擬均
乞　聖明裁處及照莫芳瀛如蒙
赦宥若故違　成命仍前與黎寧武文淵等讎殺或

侵犯邊境與臨安原屬寧遠州等處及一應歸
附人員即是背逆 天道聽臣等與兩廣撫鎮
官分別順逆指實參奏大調兵馬一鼓而擒亦
未為晚如此則罪人有改過之階夷方獲再生
之賜矣再照原先歸附官舍武文淵陶仙刀鮮
李孟元黃明哲刀雷等亦合隨其所居從宜安
插原係寧遠州地方分撥者照舊仍屬臨安府
管轄紅衣寨頭目刀湃等亦聽隸屬[illegible][illegible]府俱

各寬免賦税加意撫恤所議掣回蓮花灘防守
官軍相應依擬及照臣等待罪地方不過奉行
文書而已未能仰体 聖心早收安攘之功適
罪人乞降輒爲祈 請罪當萬死如臨安兵備
帶管分巡副使鄭登高先分守臨元道右參政
葉珩都指揮僉事馮立王守中徐相臨安府知
府姜恩指揮趙光祖萬祺魏忠千户馮忠吳璋
推官郭鼎新知縣張澤等圖事効能雖有差等然

皆協謀仗義共圖成功其間若王守中身先士
卒茂着謀猷諸夷納降交人畏惧其功居首者
也鄭登高姜恩恩信素孚兵粮充裕有警調度
克中機宜其功居多者也馮立往來提調備嘗
險阻又與鄭登高王守中姜恩皆撫降莫方瀛
有功者也葉珩首事招納克効勤勞又與鄭登
高王守中姜恩馮立招撫刁鮮武文淵等擒獲
奸細有功者也徐相趙光祖萬祓魏忠馮忠吴仁

璋推官郭鼎知縣張澤皆不避艱險隨委輙効
以贊其成内趙光祖馮忠萬袱吴璋則又前項
招撫有功者也以上各官雖非搴旗斬将之功
然招撫外夷輯安邊境賢於用數萬甲兵似亦
俱當甄録優示激勸以勵将来其整理粮餉協
贊謀議并隨營効勞與承委招撫深入巢穴探
報聲息有功漢土官舍旗軍目把人等及伏義
集兵首挫賊鋒有功武文淵刁鮮等通候查明

另行議

一奏臣等除行三司轉行歸安兵備官行令莫方瀛

及差来頭目人等暫回地方聽候

一天命及防守蓮花灘官兵查果地方無事即便掣回

外緣奉

欽依著地方官員從宜撫剿及外國夷人乞罪投降

事理未敢擅便等因又該巡撫雲南等處地方

都察院右僉都御史汪文盛巡按雲南監察御

史陰汶登各
題同前事俱奉
聖旨禮兵二部看了來說欽此又該武定侯郭　奏
爲處夷情後
國制分土該管永圖治安事近日得知雲南鎮巡
等官奏報安南國差頭目范正毅等行人鄧聚
等通事阮鐵突等齎捧莫方瀛投降奏本申述
三堂衙門降書弃頭目耆人三百六名申結會

同審據范正毅等衆口一詞執稱莫方瀛侮罪
挾降及稱黎譓孱弱失守不能及時以告變莫
登庸父子擅專國柄又未具由以
上聞雖曰阻絶貢路皆出一面之詞法亦難逭又稱
鄭惟僚所奏稱黎寧係是阮淦之子詐冒黎姓
摹寫印文妄訴于
天朝方瀛又不將彼國所屬地里畫圖投
獻只云具載

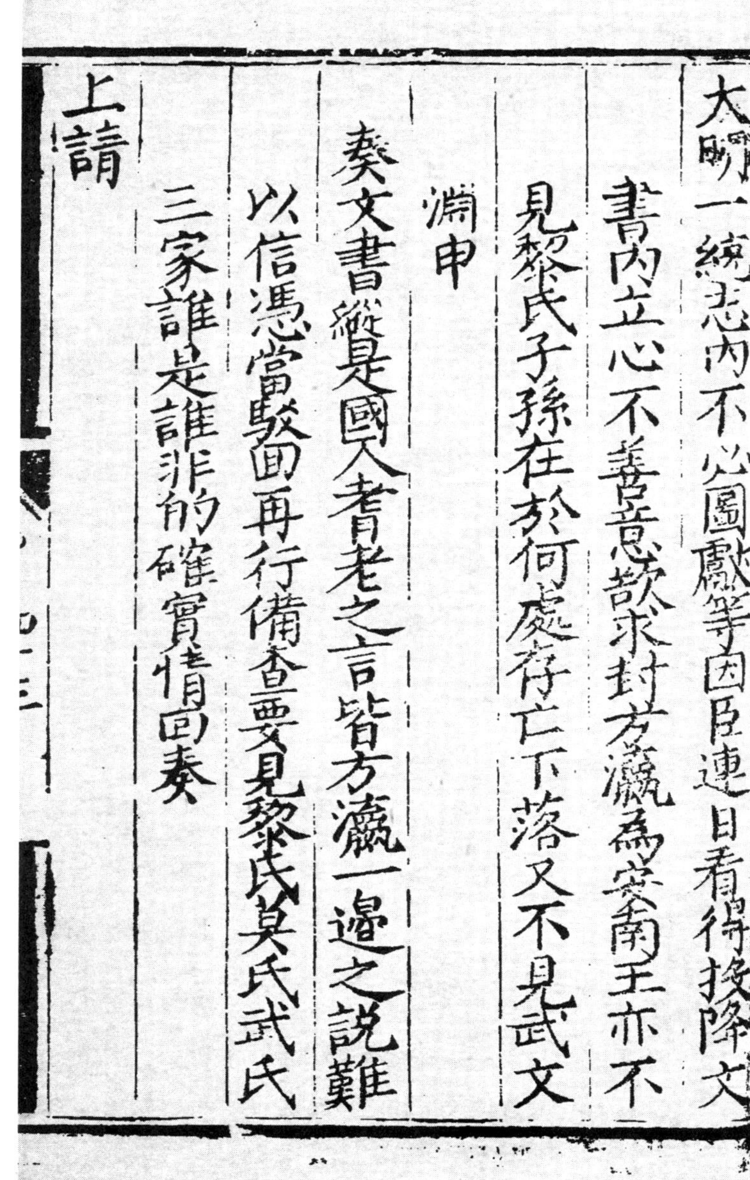

太明一統志內不必圖獻等因臣連日看得投降文
書內立心不善意欲求封方瀛為安南王亦不
見黎氏子孫在於何處存亡下落又不見武文
淵申
奏文書縱是國人耆老之言皆方瀛一邊之説難
以信憑當駁回再行備查要見黎氏莫氏武氏
三家誰是誰非的確實情回奏
上請

定奪此其大公至正之法但彼國雖稱好禮其狡猾
奸回莫可深測縱是復行查報必不能盡知其
實况莫登庸父子兩傳守國未奉

天朝
明命豈不是篡奪也又稱黎氏子孫孱弱豈能復振
家邦顯是門衰祚薄不言可知為今之計欲破
其奸散其黨伏望

皇上大振乾綱明出黃榜招示彼土人民削去安

南名號就將本地各府衛州縣等衙門比照雲南
兩廣所屬土官事例許其開欵納貢將彼所管地
土人民編成里甲行伍亦照兩鎮土官衙門事例聖
報兩鎮所司孝順
天朝奏請　朝廷請給印信
誥命永享太平之世免圖後效若執迷不省堅執
與莫賊爲固許其兩鎮相近土官整備兵粮收取
臨近地土人民就着各該土官所轄兵民仍將所

得人民地土山場開報勿得隱匿其彼地之人未必不懷孝順向化之心以免紛奪分爭之患只要處之妥分之均使彼得宜孰不悅從安土樂業人之常情雖啓庸假遣閑使莫方瀛出頭來降覬其衆詞類多悖謬實非真來降也莫方瀛父子實乃篡奪之賊在春秋所當必誅無　赦之人豈敢来假黎氏推讓權國之謀即今黎氏子孫既被莫賊所吞想是不能一稱其所封宜當革降方得

保終絕後只可與一府之地以承其宗祀耳其
武文淵父子雖是本國忠義之臣但國亡家失
望我　天朝求救其忠義可嘉亦可與一知府
之職以褒其忠其餘隨順之人令各官分別等
第任使并鄭惟燎等不隨叛逆而攄忠赴京奏
訴莫賊始末其情尤可嘉尚亦可量與職事其
方瀛父子之罪固不可　宥若能改過自新輸
心受旨亦當待之以不死仍授一土官職事量

輿地土使之安享富貴還着兩處鎮守巡撫巡
按三司等官親詣地方盡心區畫奏請 定奪
其餘彼中未盡事情一時不能悉知均乞 聖
明 勑下禮兵二部從長計議務期萬全若臣
所奏有可取者 俯賜採擇施行以補於邊方
萬分之一庶幾夷情可服 國制可定邊疆可
寧地方不戰而自安矣等因奉
聖旨禮兵二部看了來說欽此欽遵臣等會同太子

太保兵部尚書臣張　左侍郎臣樊　右侍郎
臣張　看得鎮守雲南總兵官黔國公沐朝輔巡
撫雲南右僉都御史汪文盛巡按雲南監察御
史陰汝登各會同題稱安南國頭目范正毅等
費迹投降公文及莫方瀛伏罪奏本降書及頭
目耆人申結不敢擅拒理合封　進取自　上
裁及乞　勑廷臣從長計議將莫方瀛父子
曲賜寬宥俾其改過安分不許與世孫黎寧及

武文淵等互相讐殺遺患地方其黎寧宗祀亦
不可絶及要將歸附士舍武文淵等從宜安插
掣回蓮花灘防守官軍及臨安兵備副使等官
論功陞賞等因又該武定侯郭　奏　請處夷
情復　國制分土設官求圖治安各一節為照
該國事情先該禮兵二部會題節奉
聖旨安南國久不來庭法當問罪今本國奏稱逆臣
莫登庸篡亂阻絶貢路又僭稱名號僞置官屬罪

狀題著你每既會議明白便命將出師前去征討

欽此又該兵部具題節奉

聖旨安南國久不來庭義當興師問罪近據黎寧奏

稱其臣莫登庸簒逆阻絕朝貢未審真僞且著地

方官員從宜撫勦欽此又該兵部具題節奉

聖旨莫登庸既簒逆本國又擅作大誥僭擬名號好

生背叛朝廷罪在不赦便勑雲南兩廣鎮巡等官

遵照前旨上緊多方計畫協力征勦務得罪人以

安南土欽此續又該提督兩廣軍務兵部左侍郎
潘旦等具題該國長慶府諒山衛各申事情又
該禮兵二部會題奉
聖旨你每議的是便行與提督等官遵照前旨行欽此
俱經欽遵外臣等竊惟安南雖係荒服之區實
我　朝世封之國頃者　皇上赫然震怒欲興
師致討者爲其久不來貢耳今則黎盌播遷于
外雖欲來貢勢有不能我　皇上旣已洞悉其

情而　宥其罪矣若夫逆庸僭竊阮非受　命
天朝則又不許其來貢也據其奪國之罪在
王法所必誅無赦者今照雲南鎮巡等官各題
稱莫方瀛納欵投降輸誠悔罪詳其本詞與先
次侍郎潘旦所奏長慶府諒山衛申文大畧相
同但稱黎寧係逃罪之人阮淦之子摹寫印文
妄訴于　朝及稱該國地里圖具載一統誌內
不必圖獻其間事情多涉譎詐遽難准信顯是

方瀛父子不過文飾虛詞以探測　朝廷欲爲
緩師　請封之計況鎮撫巡各奏止據范正毅
等投遞奏文還謂方瀛投降納款而黎氏宗祀
存亡下落不見作何處分所據奏要掣回防守
官軍及論功行賞等因俱難輕議合候　命下
之日兵部備咨雲南兩廣鎮巡等官再行會同
勘處如果方瀛父子悔罪向化畏　威懷德該
國土地人民悉聽　朝廷處分別無虛詐即與

星馳奏 聞待以不死如其飾詞欺妄怙終不
悛即當遵照 明旨多方計畫具奏 定奪不
得遲回觀望坐失機宜以損 國法臣等又謂
安南之有國如陳氏黎氏所以能居位稱王歷
數世而民俯伏聽命者以有 天朝爵命恃以
為重也今者方瀛父子徒逞僭竊之謀脅衆自
立其兇焰横肆雖可刼制於一時而名義不正
終難厭服于永久彼國之中寧無豪傑憤其僭

逆一聞 天朝之 命戮力助順義勇林立壤
地瓜分彼虜不旋踵而漸滅矣臣等看得武定
侯郭 所奏事宜欲要出給 黃榜招諭彼土
人民無非計處夷情以安南土之意合無行令
鎮巡等官宣示 朝廷威德出榜招諭彼處府
州衛所衙門若能首先納款歸附者即與奏
聞 朝廷授以土官職事其處置黎氏子孫及
武文淵父子功勞等項事宜俱聽彼處鎮巡官

逐從長計議具奏　請乞　聖明裁處施行未
敢擅便嘉靖十七年二月十六日本部等部尚書
兼翰林院學士等官嚴　等具題三月初五日
奉
聖旨這事情兵部還會同多官詳議了來說欽此欽
遵合就移咨　貴部煩爲欽遵施行等因又該
太師兼太子太師武定侯郭　奏為再陳議處
安南事宜以破猶豫疑慮事臣先因雲南鎮巡

等官具奏安南國被莫登庸父子假稱權國旣
而故設投降等詞臣參詳來文悖謬條陳處夷
情復 國制分土設官永圖治安事奉
聖旨禮兵二部看了來說欽此近該禮兵二部會同
看議復題將臣所奏不歆出給 黃榜行令鎮
巡等官宣示 朝廷威德出榜招諭安南府州
縣衛所衙門若能首先納款歸附者即與奏
聞 朝廷授以土官職事其處置黎氏子孫及武文

淵父子功勞等項事宜俱憑彼處鎮巡官計議具奏 請乞 聖明裁處施行等因臣見得禮兵二部所擬不用 黃榜只着行令鎮巡等官宣示 朝廷威德出榜招諭若能首先納款歸附者即與奏 聞 朝廷授以土官職事臣思得各官所論安南之議不用 黃榜而用鎮巡官榜不知何謂又將臣奏內所處之事多是含糊具覆臣又聞人言大同叛軍不容 黃榜進

城等語臣又思大同叛軍先是不容　黄榜進
城後亦因　皇上天威所致脅從之徒俱各解
散後獲首惡方靖地方寔　黄榜之徵驗矣今
安南地方遠在萬里之餘難以遥度縱使鎮巡
官出榜招諭亦恐難以宣示　皇上恩威率難
成功着待投降之後用　黄榜安插土夷恐無
是理此乃狐疑猶豫之治亦恐不能壓伏遠夷
之信心也且如安南之地只可分做土官衙門

供屬兩鎮調征地方因此與文官無分不得蠶食其人民地土以此不肯承當其事再如兩廣土官三四處皆因土官桀驁驕橫遂致亡身破業後有文官多務虛名而無實惠於生民設詭計而唆哄上司用夷變夏之舉不顧經常之計又且貽患地方將前土官改作流官衙門選去文官皆是老耄不過養身蠶食地方之人却將兩廣軍前土官土兵減革太半即今地方拾分

不堪凡遇征進地方無土兵調遣合無仍將兩
廣土官查取應繼能幹官男照舊開設土官俱
聽調遣將所設流官吏役人等盡行革去以安
南土以便調遣今安南地方若不乘機議處計
出萬全冐行彼處尤恐各官智識有長短才思
有淺深或一時不能周悉不無有失機會豈能
永圖治安如蒙伏望　聖明大奮　乾綱
勑下在廷文武群臣通將兩廣土官查復并安南合

行事宜從長會議亦要各官自出已見作何施
行勿得似前含糊欠明務要吐露報　國忠情
明白可否衆口一詞僉同會議開款覆奏方可
施行庶無甲可乙否之論務期遠夷可服治安
可永等因奉
聖旨兵部一併會議了来説欽此又該　欽差鎮守
雲南總兵官征蠻将軍黔國公沐朝輔題
稱為大慶事據整飭臨安等處兵備雲南按

察司副使鄭登高呈據委官知府姜恳都指揮
王守中徐相揭帖呈據節差官舍旗軍丁言等
回還稟稱依蒙前去黎寧處討得印信文書差
頭目耆人鄭垣目人范轟黎益篤行人高德壽
黎嵩鄭𦓐阮文淑鄧永福等同原差何景祺等
已到廣陵州地方等因據此隨差陰陽生旗軍
趙儁等將鄭垣等接至蠻板寨聞知莫方瀛差
有頭目范正毅等前来投遞公文鄭垣等在路

畏怕逆庸徒侶截捉不敢前来呈乞差官軍接
引等情各職隨差吏目晏伯珪鎮撫朱邦彥并
土舍祿世清下月把阿苟阿主李志張發八通
事王瀚等量帶軍兵前去蠻板接取去後本月
拾陸日酉時據各官與同原差人役引領鄭垣
等入營口含職草雙眼含淚手捧公文投遞控
訴苦情及禀要親赴三堂衙門投見各職款将
鄭垣等留住本營聽候呈請進止但今范正毅

等多人住候鑾浩寨相離不遠誠恐一時生變
除将鄭垣等并老撾廣陵萊州等處頭目分濫
客呼臘陶星阮塗作朋朋勒阿剛官奄阿者等
并跟隨從人俱發花丈驛寨内暫住行令鎮撫
朱邦彦撥人伴守并行豪自縣将鄭垣范轟黎
益篤等暫且供給待候呈請明示等因将原来
印信文書批差陰陽生楊佐總旗王萬邦軍餘
孫鸞齎報到道備由同印信國書呈送到臣查

得黎寧國書內稱正德十一年四月初六日本
國有逆臣陳暠作亂先國王黎晭遇害本國頭
目耆人黎堈鄭江黎叔祐鄭遒黎念黎公亮黎
栯鄭喜鄭綏黎鼓武淦鄧鳴謙等固請世孫黎
寧親父世子黎譓權管國事謹守 欽賜印信
已差陪臣阮儼阮時雍阮正卿吳煥等謹齎
奏本求封等禮物請 命于 天朝并遞年歲貢
方物 上進緣被逆賊陳暠竄在諒山地方道

路阻梗世子黎譓前已移咨總鎮兩廣地方等
官知會正德十六年八月本國發兵搜捕陳暠
其陳暠是死若暠子昇逃脫道路稍通陪臣黎
啓阮正卿吳煥等款於嘉靖元年十月進程本
年七月二十七日夜時本國再有逆臣莫登庸
并前所差陪臣阮時雍等謀作不軌世子知之
避難得脫居於清華地方本國頭目耆人黎堈
鄭江黎叔祐鄭遵黎念黎公亮黎楠鄭意鄭綏

黎懿武銓鄧鳴謙等皆從世子率國人討莫登
庸其莫登庸阮時雍等乃脅立世子庶弟黎憲
假攝國事非國人所共立凡號令一切悉出於逆
臣莫登庸之口本國益亂路途阻梗使道不通
嘉靖二年正月十六日准諒山衛官黎景珥等
具啓承見牌文　欽差天使翰林院編脩孫禮
科右給事中俞齋捧　詔勅綵段等件已於元
年十一月初一日抵龍州差人馳報本國

詔勅到日急為迎迓等詞准此有以仰見　天恩浩
大一國之人不勝欣幸歡奔走不暇以仰拜
天朝休命奈何本國不幸以致訊醜阻其　君命俾
聖恩不達於遠臣夙夜祗懼心無底寧嘉靖年正月
內世子已備言本國事情上書　欽差天使二位
大人知會冀其轉達　天朝伏望　天朝推
帝王柔遠之仁憫小國多艱之故如　皇命既回遙
請待罪謹差頭目譚慎徽至界首付土官閉醴泉轉

遞路途遥遠浮沉罔知於本年四月二十二日
承見總督府委官督備龍州地方廣西南寧衛
指揮使湯抄捧總督兩廣軍務兼理巡撫都察
院右都御史張鈞牌備言查據龍州把隘頭目
丁源等說稱訪得安南國王黎賙今已沒世七
年後該國已立黎姓為王稱為光紹者被逆臣
莫登庸作亂赶逐在於海邊弁住并總鎮兩廣
等處地方印綬監太監韓鎮守兩廣總兵官征

鎮守鸞將軍撫寧侯朱議照憑祥州備言本國互說
前事壹節叅詳黎譓被脅不在本國其諸逆臣
陳昇莫登庸等又無聲說曾否削平所據後推
黎應權攝國事亦難辨其真偽該國舊主既沒
承襲尚無定主　天朝詔勅豈宜妄授於人況
經會題暫令使臣回京雖未奉有　明旨必須
另為奏　請擬合再行查勘為此除外牌仰本
府着落當該官吏查照先今事理即便抄牌查

勘該國黎王即今有無一定應否承襲之人逆
臣陳昇莫登庸等曾否削平惟後別有詐偽情
由務要逐一備查明白若該國果已平靖定有
國王委係舊主黎賙嫡派宗裔查實姓名見今
在於何處相應奏　請就便取具的確公文不
扶重甘執結幷該國印信明文連應保審官員
及道路有無阻梗壹壹務查明白見此有以仰
見　欽差三位大人正心明理洞燭幾微其奸

臣情狀已瞭然於胷中矣於本月二十四日逆

臣莫登庸仍鴆殺黎廣僞立巳子猶冒黎憲姪

名僭稱統元妄使逆黨阮文泰潘廷佐鄭鹿阮

時敏陳斐阮光論郭與莫潤朗郭文藻阮壽祺

潘集等將僞本并遞年歲貢僞禮物圖欵欺罔

天朝覬覦　因寵竊爲得計厭壓衆心行至坡壘驛

屯聚嘉靖三年三月承見整飭左江兵備兼管

分巡提刑按察司僉事楊上體　天朝之德意

察知僭偽之情由乃不容入關驅逐逆黨并係
禮物一切斥回本國姦謀由是而少沮并承見
提督兩廣軍務兼理巡撫都察院右都御史蕭
總鎮兩廣等處地方內官監太監鄭鎮守兩廣
地方總兵官征蠻將軍撫寧侯朱鈞牌送下本
國查勘緣由事情世子節次累有書備言本國
前項事由差目人黃瑞陵黃伯宜等謹齎至界
首付土官阮永祥交付憑祥州土官李珠傳遞

未審的確果通到否嘉靖四年六月内世子謹
差陪臣黎啓吴煥等齎捧歲貢、奏事求封方
物等禮行至山西地方被臣莫登庸已先截路
遮道不前世子皆以備書傳遞、欽差總鎮兩
廣等官知會道途遥遠阻滯難明本年八月十
九日世子再差頭目耆人阮援萃黎景珥朱埴
等抱本間道潛行馳奏、天朝乞兵救援而前
所差頭目耆人一病一死惟朱埴行至南寧衛

被兵備官不許前往使回憑祥州待令據取本
詞轉差代奏經數年間未見有行因此逆臣莫
登庸益肆奸兇無所忌憚遂於嘉靖六年五月
十七日逆臣莫登庸明白篡立僭稱明德隳壞
該國之社稷塗炭該國之人民世子忖慮黎氏
祖宗自宣德六年祇荷　天恩拜封爵土為賊
攘奪甚可痛心常率本國臣民共討逆臣莫登
庸其莫登庸脅衆拒守乃於嘉靖九年正月十

三日逆臣莫登庸再僞立莫登庸之子莫登瀛
僭號大正而逆臣莫登庸妄自僭稱為太上皇
帝毎脅衆拒戰擾亂邦畿國中大困世子黎譓
以國難未平舊邑未復上闕　天朝之典彝下
負祖宗之重責播遷日久憂憤成疾於本年九
月十七日世子身没本國頭目耆人黎堈鄭江
黎愈黎公亮黎景瑁鄭惟峻阮有嚴鄭伯逢黎
如璧何伯适阮仁蓮武景威阮春巖馮露阮金

阮昀阮元良范珏等以世孫黎寧係前世子黎
譓親生嫡長子禮應承襲共推爲世孫權管國
事謹守　欽賜印信世孫勵己誓心以圖收復
舊物嘉靖十年九月有本國脫朗州忠義目人
阮合勸阮景山等抄得牌文於嘉靖十年五月
十六日提督兩廣軍務兼理巡撫兵部右侍郎
兼都察院右都御史林鈞牌送下憑祥州查勘
邊情以安國度案照正德八年以來俱不允安

南國歲貢自歷任兩廣二年之上俱未差人查
訪而中間真偽難分今該國故稱爭亂之由自
取安然之樂此乃欺　君欺　聖罪亦難容除
會同總鎮兩廣等處地方內官監太監張鎮守
兩廣總兵官征蠻將軍咸寧侯仇議照前事訪
得該國世子黎譓被逆臣莫登庸先逐出外而
莫登庸竊掌該國中間俱未准信惟照憑祥州
原係鎮南大關隘理合移文行宣為此除外牌

仰本府考落當該官吏照依牌內事理即抄牌
差人前去該國附近府州務查該國世子黎譓
見今被逆臣莫登庸趕逐出外坐落何方該國
民心有無向護或倘該國俱已平定亦無爭亂
及查有無貢物作急具由回報以憑會議參
奏以安國度等詞得此乃以仰知　天朝必已詳
審通曉小國被逆臣僭竊艱難之故矣世孫黎
寧仍有書備言本國先後事情緣由差前頭目

人阮合勸欲就憑祥州交付轉遞　欽差總鎮
兩廣等官知會行至於長慶府温州地方被逆
徒截道捉得阮合勸殺死道途阻絶音信難通
世孫黎寧常屡具本差人欵潜行間道馳奏
天朝而通過憑祥州大関隘諸路皆被逆徒看管日
夜把截並不得通亦徧行本國邊界沿邊隘口
欵借道潜往達　奏本國事情而亦被逆徒把
截及沿邊土官閉拒無路可通自此以来雖有

天朝聲教及　欽差總鎮兩廣等官軍門號令曾爾
無聞反覆思惟罔知所處嘉靖十三年四月十
七日世孫黎寧備將本國前項先今事情具本
并寫作宗圖差頭目鄭惟憭等抱本圖潛行處
料取道赴京謹具奏　聞陳情謝罪乞　恩正
法以誅僭逆庶以伸籲天暴白之忱伏望
天朝曲垂憐憫鑒此難屯之故弘推拯恤之仁誅亂
救民恭行　天討以正逆臣莫登庸父子篡逆

之罷使亂臣賊子無所容於天地之間而危跡遺孫得復存於宗祀夙夜曷勝願望經二年間未聞聲息鬱抑于懷豈能自已嘉靖十五年十月二十日世孫黎寧差忠義目人譚伯适阮豢等間道潛行款就本國長慶府各州沿途關隘聽探前日所差 奏事鄭惟僚音息及道路阻梗如何行至北江地方被逆徒截道捉得譚伯适阮豢等殺死音信難通嘉靖十六年九月

遂日承見臨安府牒文備抄案奉 欽差巡撫
雲南等處地方都察院右僉都御史汪 案
驗安南國世孫黎寧奏前事仰本府着落當該
官吏查照世孫黎寧是否黎譓親生嫡長男見
住何處與光詔等係何等稱呼是否黎賙子孫
因何名字不同 欽賜印信何人收掌及所奏
各項事情其使臣鄭惟憭是否真正頭目著人
阮挨等有無見在行省諭姓鄧者即将原日

父子被難逼逐的係何人篡逆其跟隨文武群
臣見在若干逐一細備從實具由以憑申報幷
節承兄雲南都司都指揮僉事王守中移文互
說前事查勘已故國王黎晭世孫黎寧處備將
莫登庸占據地方并黎寧有幾處衙門地方服
其管束有何官員頭目輔佐兵馬見在若干黎
譓所生幾子有無分住各處地方與光鎰等係
何等稱呼因何名字不同其路可以進兵及道

里遠近山川水陸險易緣由逐程開報以憑具
奏一節查催前去世孫黎寧處查勘武文淵等兄
弟與彼相離幾年緣何開報名字来歷與黎寧
奏內不同并查有無黎椅黎椿黎樫係是何等
宗派逐一備細查明差頭目人前来回報以憑
轉報施行等詞准此有以仰見　天朝委任得
人燭微明理灼知小國被逆臣僭亂篡奪之由
思救小國人民被塗炭毒痛之苦尤且辯真别

僞以明宗派承襲之正者世孫黎寧及一國之
人尤爲欣幸爲此謹書備說本國前項先後事
情差頭目耆人鄭垣謹齎於　欽差廵撫雲南
等處地方都察院右僉都御史汪　知會伏
請詳此事意憫世孫遭艱屯之故察世孫伸哀
籲之忱具奏　天朝備言本國世孫黎寧係前
本國世子黎譓親生嫡長子禮應承襲權管國
事稱爲元和謹守　欽賜印信緣本國被逆臣

莫登庸赶逐世子黎譓世子回居清華地方率本國頭目着人黎堈鄭江黎叔祐等共討逆臣莫登庸其逆臣莫登庸乃脅立世子庶弟黎懬而逆臣莫登庸仍鴆殺黎懬并世子親母偽立己子猶冒黎懬姓名逆臣莫登庸仍明白篡立僣稱明德而逆臣莫登庸再偽立莫登庸之子莫登瀛僣稱大正其逆臣莫登庸妄自僣稱為太上皇帝刼制本國人民戕害本國忠良脅衆

拒戳把截衝要各道途及接近憑祥州各關隘
使道阻絶前世子黎譓及世孫黎寧節次累有
差陪臣弁頭目忠義目人間道抱本馳 奏并
謹書傳遞而皆被逆臣莫登庸并逆徒截道殺
死信使不通歲 貢慶賀諸禮久闕獲戾
天朝世孫黎寧已甘受罪乞待本國平定仍為奏
請增例辦納彼稱為光鐙者查照本國前國王黎賙
無子其黎賙長兄故黎灝生得二子其長子即

是世子黎譓其庶出幼之子即是世子庶弟黎
譓則黎氏子孫宗派本來並係無光鐙名字明
矣烏有何等之可言哉爲是名者無乃奸人詐
冒以圖欺妄而然耶若原　欽賜印信前世子
黎譓傳與世孫黎寧收掌豈有委何人收掌哉
於其世孫黎寧所差　奏事使臣鄭惟憭則鄭
惟憭祖父兄弟世世輔佐黎氏其鄭惟憭真正
本国頭目無疑矣如本国頭目耆人阮拔萃前

世子黎譓差與同朱埴等抱本潛行馳奏
天朝乞兵救援途中得病潛居養比江地分被逆徒
脅捉或存或沒道途往来阻絶音信難明若於
姓鄚者查實本國頭目并前世子黎譓手下並
無有姓鄚者如其奉省諭則道途梗阻省諭固
難且逆臣莫登庸戕害本國人民占據本國都
城積威自脅其本國各路及今衛所地方皆被
逆臣莫登庸占據脅管把截各處衝要道途然

具前項人民所被逆臣莫登庸脅管者皆有向
黎氏去逆就順之心焉若本國各衙門地方
義頭目所歸世孫黎寧管屬者惟本國各末
毗逆黨及各衛所亦成如阮仁蓮鄭子春等則
分守于升華廣南二路何伯适阮春巖等則分
守于乂安末路鄭惟㥶則分守于太原末豪武
文淵武子陵等又據守于宣光路邉陲其前項
兵馬數亦可紀然但因本豪其逆臣莫登庸每

齊衆攻逐而道途間阻彼此救援聲息傳報難通世孫黎寧有差某人傳遞其事跋涉艱險萬死壹生者世孫黎寧所居清華水州馬江老撾邊界其本國頭目耆人黎坰鄭江黎僉黎公亮黎景瑁鄭惟嶁阮有嚴鄭伯達黎如璧武景威阮昫阮元良范珏等前從世子黎譓見今輔佐世孫黎寧并忠義頭目文武群臣范旦仁潘仁安阮玲范廷桂阮德慎黎文志鄧巴黎汝茂阮

時哲裴危弁阮夢松黎都鄭垣武畀陶子烈黎
壽雲杜亂郎辯范宏陶仲耄黎迎鄭差范嵤黎
必攺阮爛黎丁黎德容黎督阮福禎麻敬敦潘
歷黎質等跟從世孫黎寧者其數五百於其兵
馬殆三千餘及木州忠義土官車世富車克讓
等兵馬殆五千餘具扞護世孫黎寧凡本國臣
民莫不歌吟愛戴以何護黎氏者焉所以國緒
僅存而不至隳墜者亦由此也世孫黎寧及壹

國之人日夜惟望　天朝德意以慰徯蘇之望
若夫道里遠近山川水陸險易一一詳在
天朝混一方輿版圖之内如其逐程險易可以進兵
則交邦路是其水道可用船艘諒山高平宣光
等路閉隘是其陸道可用兵馬若興化兆江下
抵山西是道水陸並可用馬如前項忠義頭目
阮仁蓮鄭惟恍何伯适武文淵等世孫黎寧已
分差人潛行間道曉諭與他使之整搠兵馬通

滯如何固難遥度且本國世孫黎寧自始祖黎
利奉　天朝正朔以来其祖父子孫世世傳繼
嫡派宗裔定有名稱無有訛舛如前國王黎晭
無子其黎晭長兄故黎灝生得二子其長子即
是名黎譓原已育在宫中立為世子名字已定
其庶出幼之子即世子庶弟是名黎䕻其於名
字真正無疑於正德十三年四月内世子黎譓
已移咨　欽差總鎮兩廣等官知會嘉靖二年

正月内世子黎譓再已謹備書　欽差天使翰
林院編修孫礼科右給事中俞二位大人知會
其世子名字為黎譓世子庶弟名字為黎懬甚
明矣緣本國逆臣莫登庸作亂趕逐世子黎譓
脅立世子庶弟黎懬逆臣莫登庸仍鴆殺黎懬
并世子親母明白篡奪威脅人心始改世子黎
譓名字為黎椅世子庶弟黎懬名字為黎椿停
邑呼黎譓黎懬正名以設驗人心耳彼武文淵

等嘗稱無稽因逆臣莫登庸之設驗改呼而開
報世子黎懿名字為黎椅世子厥弟黎廣名字
為黎椿誤矣況武文淵等兄故武嚴威自正德
十一年本國有逆賊陳暠作亂武嚴威奉出守
備宣光路地分道途稍通猶或頗知本國事體
嘉靖元年本國再被逆臣莫登庸作亂武嚴威
仍留本處守備逐年月日逆臣莫登庸稽衆攻
逐道路阻絕其武嚴威等雖忠義頭目而世子

黎譓號令阻滯難通及武嚴威病故武文淵等代領其衆逆臣莫登庸累次攻逐阻絶宣光路邊隴與世孫黎寧所居道程遼遠以被逆徒間截往来音信傳報難通相離殆十五年而所居武文淵等修爲文書人皆新進故事未諳所以開報名字来歷謬誤職此之故審諸黃明哲執稱光紹先年生有二子於黃明哲相別之時長男年方三歲次男年方二歲尚未有改名字則

其黄明哲所開報是的見真正之言也彼武文
淵等兄弟相離已十五年而臆度世孫黎寧名
字為黎樫是皆説無根據之言也以是査實黎
氏宗派本末並無黎椅黎椿黎樫名字明矣於
其武文淵等武臣謬誤之罪願賜貸寛且前世
子黎譓生有二子其一子尚在即世孫黎寧其
一子年方四歲被疹痘病死則世孫黎寧的世
子黎譓親生嫡長子尚何有幾子分住之可説

哉若夫前世子黎譓憂憤成疾而沒而或有説
爲鴆毒者蓋以原世子黎譓爲下黎公淵被從
逆臣莫登庸脅制於嘉靖九年八月十五日黎
公淵再具啓陳情首罪於世子黎譓世子許黎
公淵回與世子居世子親信祁不之疑自黎公
淵回居得一箇月疾又轉甚世子身沒或者臆
疑謂黎公淵聽逆臣莫登庸之姦計陽爲首
罪乞回與世子居陰爲鴆毒以致世子成是疾

歟然而世子之身沒緣憂憤成疾而沒其疾已
發於黎公淵未回居之前為是說者亦臆度無
稽之言也伏望　天朝廣字幼恤孤之德推扶
顛救難之仁大發　天兵吊民伐罪同時進出
安邦諒山高平宣光歸化水步各道剿除逆臣
莫登庸莫登瀛父子以嚴亂賊之誅以正綱常
之道拯生民於塗炭存該國之宗祧世孫黎寧
得以復還本國之舊城世孫黎寧得以襲封祖

宗之爵土藩方謹守職貢謹修名分正而尊卑
陳人紀明而天常定遐陬荒裔均霑汪濊之恩
鄙崖窮閻共囿安全之福則　天朝仁弘拯溺
量廣亨屯與日月同明乾坤並德矣世孫黎寧
仍差陪臣　上表謝　恩謹齎　奏本方物等
禮幷遞年歲貢等禮物及歲　貢慶賀諸鈌禮
赴京　奏進以盡事大畏天之義仍候迎
天使來臨本國頒降　天恩則　天朝明見萬里仁

同豈視世孫黎寧及一國之人得以重疊祗荷
洪恩尤爲大幸而　欽差大人處事之機燭微之智
急人之仁成人之美益以燾盖下國受賜多矣
不宣謹書等情會行雲南按察司會議隨據該
司呈准本司署印副使朱方関依奉會同雲南
都布二司掌印守巡左布政使王儁民右布政
使李顒都指揮僉事樊泰分守臨元道帶管督
糧鹽法右叅政車純分巡安普道帶管曲靖兵

備僉事胡仲誥分巡金滄帶管海道僉事戴

邦正議照安南國世孫黎寧原差陪臣鄭惟憭

齎本　奏稱該國爲莫登庸父子彙陳暠之篡

逆遂主竄國遂至流離播遷望救　天朝該廷

臣議　請奉有　明旨無容再議但莫登庸莫

方瀛父子悔罪歸命請降已經會議呈報奏

請今何景祺丁言等轉宣　朝命至黎寧處黎寧具

國書遣頭目耆人鄭垣等賫投前來據其書與

先月鄭惟齋　奏之言大畧相同似應併達
請旨　上裁其差来頭目瞽人鄭垣等仍行該
道轉行知府姜恩都指揮王守中徐相等量為
賞勞省令回還恭俟　朝命至日另行等因呈
詳到臣案照先節准兵部咨為　大慶事該禮
部等衙門會題議擬備討安南事宜題奉
欽依備咨前来及欽奉　勅諭供經會案行仰雲南
都布按三司即行都指揮馮立離任前去會同

該道守廵兵備等官差委縁事都指揮王守中
指揮魏忠趙光祖火旵千百户吳璋馮忠等分
投招諭武嚴威武子陵武文淵等令其革面向
化歸附從軍及着落元江府土舍那鉒同往老
撾宣慰司沓光紹在彼就令該司照舊慰留居
住令其備将彼國作亂之人幷始末縁由開報
幷行各該兵備官整點兵馬布政司查理銭粮
及具本題　請去後續准兵部咨准禮部咨該

安南國世孫黎寧具本差使臣鄭惟僚奏為陳
情乞　恩正法以誅僭逆事該本部覆題奉
欽依備咨前来又經會行儹運粮餉選調官兵象馬
把截幷令内附土官整搠鋒利器械夾攻剿殺
及出榜招撫去後據都指揮王守中臨安兵備
副使鄭登高等呈將安南國大頭目莫方瀛差
頭目耆人范正毅等賫進乞罪　奏本與臣等
降書及頭目耆人申結前来行據雲南布政司按

三司掌印守巡等官查議呈詳該臣等議得莫方瀛與其父莫登庸蠢爾蠻夷罪之魁首乘危而竟奪人之國恃險而自食土之毛夷狄相攻固不足較然安南為　朝廷封土非西戎北狄之比是莫方瀛等雖多方文飾然僭竊之罪已難逃　聖明洞察之下論法合當誅剿但問罪之師将臨而乞罪之請遽至盖深思旣往之愆不敢冐昧以入貢欵新将来之善相率匍匐以

来降夷心亦有人心醜類乃同人類夫改過者
聖門所與首罪者　王法不誅況叛則討之服
則舍之又古帝王待夷狄之道也既該三司等
官查議前来所據莫方瀛請罪　奏文正副二
本干係外夷乞降臣等不敢輒擅拒絕理合封
進取自　上裁伏乞早賜　宸斷将莫方瀛父子
曲　賜寛宥許其改過安分如其故違　成命
與黎寧武文淵等互相讐殺及侵犯邊境與一

應歸附人員即是背逆　天道聽臣等與兩廣撫鎮官指實叅奏大調兵馬進剿一鼓而擒亦未為晚如此則罪人有改過之階夷方獲再生之賜矣其　欽賜印信兩家俱有係僞者合當令其銷燬候職有定分另行請給庶幾少杜僣妄惟復別　賜定奪盖莫方瀛之乞罪固有可原而黎寧之宗祀亦不可絶緣前項事體關係重大非職等愚陋膚淺之見所敢擅擬均乞

聖明裁處等因已經會本具　題及行仰雲南都布
按三司轉行臨安兵備副使鄭登高并都指揮
馮立王守中徐栢知府姜息等省令安南頭目
范正毅等即便回還宣諭莫方瀛等改過安分
恭俟　天命其安南國王印信不許行使亦不
許仍前與黎寧武文淵等讐殺及挾私侵犯沿
邊一帶內附土官土舍刁鮮等并臨安府所屬
寧遠州地方或陰令奸細在於　天朝隣近窺

探邊情自速誅戮通取不致反叛結狀緣報其
蓮花灘防禦官軍若不掣回誠恐起彼之疑兵
備官查果地方無事暫且掣回仍量留臨安協
守沿邊一帶仍令都指揮王守中徐相提調毋
或疏虞去後今據前因照得巡按雲南監察御
史陰汝登出巡不在會同巡撫雲南等處地方
都察院右僉都御史汪文盛議照安南國世孫
黎寧送到前項國書查與原奏事情大畧相

同但前事已該臣等會議奏 請臣等別難再
議所據原來國書亦合封 進乞 勑廷臣一
併議奏均乞 聖明裁處緣係外國夷情事體
重大臣等未敢擅便除會行臨安兵備官轉行
知府姜恩都指揮王守中徐相等將黎寧差來
頭目耆人鄭垣等量爲賞勞省令回還恭候
天命至日另行外等因與同巡撫雲南等處地方都
察院右僉都御史汪文盛會本具題俱奉

聖旨兵部一併會議了來說欽此欽遵通抄送部查
得先為　大慶事該禮部題奉
聖旨是安南國先次詔使不諭而返有傷體面又久
不入貢非叛而何兩廣差官都依擬着實勘明奏
報便寫勑與他去興師備討必行兵部便會官議
奏欽此欽遵該兵部等衙門議擬題奉
聖旨安南國背叛不庭在所必討你每既會議停當
都依擬差去官着實查勘明白星夜奏來定奪施

行欽此又爲陳情乞　恩正法以誅僭逆事該禮
部等衙門會議得安南爲我　朝世封之國遵
我　王化奉我正朔莫登庸乃敢逼逐黎譓占
據國城其罪一也以臣下而娶國母其罪二也
鴆殺黎懬僞立己子其罪三也逼逐黎寧遠竄
其罪四也僭稱太上皇帝其罪五也改元明德
大正其罪六也設兵關隘以阻　詔使其罪七
也大肆誅殺荼毒生靈其罪八也阻絶貢路其

罪九也僞置官屬僭擬　中國之制其罪十也
罪狀顯著法不容誅征討之舉所不容已等因
題奉
聖旨安南國久不來庭法當問罪今本國奏稱逆臣
莫登庸篡亂阻絕貢路又僭稱名號僞置官屬罪
狀顯著你每既會議明白便命將出師前去征討
總督等官各推選素有材望的來看調度兵糧事
宜户兵二部即議處具奏其餘依擬欽此欽遵該

兵部會官推舉堪任總督總兵并副總兵參將

遊擊等官題奉

聖旨有點的依擬用大將待朝廷自簡欽此又該吏

部等衙門會官推舉堪任參贊軍務等官題奉

聖旨毛伯溫已有旨取用他了欽此又為前事該都

察院右都御史毛　　奏該兵部議擬題奉

聖旨安南國久不來庭義當興師問罪近據黎寧奏

稱其臣莫登庸簒逆阻絶朝貢未審真僞且著他

方官員從宜撫剿提督兩廣侍郎巡撫雲南都御史并各總兵官都另寫勑與他毛伯温着在院管事督餉紀功等項官員俱暫停止欽此又爲前事

該兵部題奉

聖旨莫登庸既簒逆本國又擅作大誥僭擬名號好生背叛朝廷罪在不赦便勑雲南兩廣鎮巡等官遵照前旨上緊多方計畫協力征剿務得罪人以

安南土刀鮮黄明哲李孟元都給與冠帶仍各賞

銀三十兩紵絲二表裏阮瑒等且都牢固監候
朝輔汪文盛寫勑獎勵其餘依擬欽此欽遵今該
前因臣等會同後軍都督府掌府事太師兼太
子太師武定侯臣郭　等太子太保吏部尚書
臣許　等看得鎮守雲南總兵官沐朝輔巡撫
雲南右僉都御史汪文盛巡按雲南監察御史
陰汝登各會同題稱安南國頭目范正毅等齎
遞投降公文及莫方瀛伏罪奏本降書頭目者

人等結狀乞　勅廷臣計議將莫方瀛父子曲
賜寬宥俾其改過安分不許與世孫黎寧并武文淵
等讎殺其　欽賜印信兩家俱有係偽者合當
銷毀候職有定分另行　請給及稱莫方瀛之
乞罪固有可原黎寧之宗祀亦不可絕要將歸
附土舍武文淵等從宜安插劄回蓮花灘防守
官軍將臨安道兵備等官鄭登高等論功行賞
等因太師兼太子太師武定侯郭　奏稱要明

出 黄榜昭示彼土人民削去安南名號就將
本地各府衛州縣比照土官事例許其開款納
貢若與莫賊負固許兩鎮相近土官整備兵糧收
取臨近地土人民就危各土官管轄及稱黎氏
子孫不能保其所封宜當革降與一府之地武
文淵父子忠義可嘉可與知府之職鄭惟憭
忠赴奏亦可量與職事并方瀛父子若虛心授
首亦待以不死量授土官職事等因并本爵再

陳議處安南事宜奏稱不用 黄榜恐難以宣
示 恩威及稱兩廣土官三四處後改作流官
衙門将土官土兵減革大半凡遇征進無兵調
遣要查取應継官男照舊開設土官将流官盡
行革去等因及總兵官沐 朝輔都御史汪文盛
又會同題稱安南頭目鄭垣等齎遞黎寧與撫
鎮官 國書備陳該國爲逆臣陳暠與莫登庸
父子相継簒逆遂致流離播遷 貢使不通前

差頭目鄭惟僚等齎抱本圖赴京具奏及開報
黎寧等見有兵馬数目水陸進兵道里乞要弔
民伐罪剿除莫登庸父子等因各一節臣等會
議得逆賊莫登庸父子蠢茲夷醜欺人孤寡篡
逼國主僭號改元前項十罪法不容誅及擄以
逆賊而擅作大誥以頭目而擅用王印罪惡滔
天神人共憤　皇上繼天立極君主華夷始因
禮卿之請繼因黎寧告變　赫然震怒命將出

師徃正其罪兵動有名夷夏爭奮則蕞爾小夷
將靡噍類矣 皇上好生之德上通於
天以篡逆之罪止在莫登庸父子其餘夷種或有脅
於殺戮以聽從者或有脫於逆命而潛避者或
有心懷忠義而不能以自奮者 天兵一臨不
分玉石故 勅行兩廣撫鎮等官從宜撫剿以
安南土今登庸父子乃敢文飾繁辭以瀆
天聽雖云投降而尚據國土雖云納款又謂本國地

土載在大明一統志内不必圖獻雖據頭目
耆人結稱國内無主莫氏受黎氏付託權管國
事觀其辭皆詭詐意在邀求所據雲南撫鎮等
官沐朝輔等要將莫登庸等父子曲賜寛宥
及論功行賞製同蓮花灘防守官軍等項事宜
俱難輕議武定侯郭奏稱明出黃榜昭示
彼土人民比照土官事例許其開款納
貢及令兩鎮相近土官收取臨近地土人民管轄

無非以夷攻夷之策并議處黎氏子孫武文淵父子莫方瀛父子及兩廣復設土官衙門等項事宜亦係安插夷人之計并黎寧書內備陳莫逆播遷緣由開報兵馬数目水陸進兵道里等項事情與先差鄭惟僚齎奏大略相同臣等又覆參詳逐一議擬竊惟殲厥渠魁脅從罔治自古帝王誅亂討逆仁義兼盡不易之常道也名其為賊罪人斯得與衆同欲事無不濟安南如陳

氏黎氏所以能有國而民俯伏聽從者以有
天朝爵命為之重也今登庸父子篡王奪民名義不
正彼雖夷國亦有人心寧無忠臣奮興義旅及
我附近土官久沐　王化敢不助順驅除兇殘
天威一臨百蠻響應義勇林立寰地瓜分獨夫父子
滅亡無日矣但兵律貴專事難遙制前項事宜
干係兩廣雲南二鎮合該撫鎮等官或意見不
同未免牽制路途窵遠不無遲延須用總督參

贊文武大臣督同節制庶便於行事易於成功伏望皇上簡命將原推總督軍務總兵官今推鎮守寧夏咸寧侯仇鸞行取來京原推叅贊軍務右都御史今陞工部尚書毛量改部銜仍兼憲職各請給勑書鑄給關防并符驗旗牌令其前去兩廣雲南適中去處督同撫鎮等官相機行事凡軍務等項事情悉聽便宜施行敢有違犯查照軍法處治仍將莫登庸父子

前項原議罪惡　請降黃榜齎至彼處宣布
恩威明諭　天討所加止在登庸父子其餘土官人
等一切不問有能擒斬登庸父子投獻者授以
世襲土官給以重賞若能以一城降者即以一
城與之以一府降者即以一府與之世為土官
以沐　王化若莫登庸父子能悔罪乞降束身
聽戮該國地土人民悉聽　天朝處分且待以
不死星夜奏　聞請自　上裁若榜示之後莫

登庸父子執迷不悟仍前占據國土干犯
天憲合無聽總督參贊等官督同兩鎮撫鎮等官從
長計議調遣兩廣雲南隣近土官土兵幷都御
史汪文盛開報老撾宣慰司土舍怕雅罕開八
百宣慰司土舍刁攬那車里宣慰司土舍刁坎
孟艮府土舍刁交等兵象及招諭安南歸附廣
陵州土官刁雷昭晋州土官刁禛萊州土官刁
琳蕃巖州土官刁珖譓州土官刁堅瓊崖州土

官刀明文盤州土官阮伯敬等及歸附武文淵
父子等分道進攻内外夾擊潰其心腹擣其巢
穴則逆庸父子指日授首而南土獲安合用錢
糧徑自查處各該臨近土官人等并老撾等土
舍攻取過安南地方查照功次多寡分別等第
奏　請施行再照兩廣原係土官衙門後改設
流官者今議復設土官將流官華去但事在彼
中其華降黎氏子孫并武文淵鄭惟㥾等量授

土官職事又事干議處合無通行聽總督參贊
等官一併查處施行其餘未盡事情俱聽各官
應便宜者便宜舉行應奏　請者奏　請定奪
臣等廣集衆見如前議處恭候　宸斷
勑下所司遵行緣係　大慶并再陳議處安南事宜
以破猶豫疑慮及奏
欽依這事情兵部還會同多官詳議了來說兵部一
併會議了來說事理未敢擅便謹題請

旨　嘉靖拾柒年叁月貳拾壹日會題本月貳拾肆

日奉

聖旨依擬欽此

太子太保兵部尚書張瓚

左侍郎樊繼祖

右侍郎張衍慶

後軍都督府掌府事太師兼太子太師武定侯郭勛

襄城伯李全禮

南　寧　伯毛　良
左軍都督府掌府事靖遠伯王　瑾
定　國　公徐延德
崇　信　伯費　柭
右軍都督府掌府事太子太傅豐城伯衞　錞
成　山　伯王　洪
彰　武　伯楊　質
中軍都督府掌府事東寧伯焦　棟

豐城侯李熙

平江伯陳瑄

都督僉事江桓

前軍都督府掌府事太子太保遂安伯陳謙

廣寧伯劉泰

成山伯郭瓚

太子太保吏部尚書許讚

左侍郎兼翰林院學士張潮

右侍郎李如圭

戶部左侍郎唐胄

禮部尚書兼翰林院學士嚴嵩

左侍郎兼翰林院學士張璧

右侍郎兼翰林院侍讀學士蔡昂

太子少保刑部尚書唐龍

左侍郎楊志學

右侍郎周期雍

工部尚書兼翰林院學士　溫仁和

左　侍　郎　吳太田

右　侍　郎　江曉

太子少保兵部尚書兼都察院左都御史掌院事王　廷相

右　都　御　史　王堯封

左　副　都　御　史　宋景

右　副　都　御　史　秦鉞

左　僉　都　御　史　王杲

右僉都御史杜柟

通政使司通政使鄭紳

右通政鄭坤

左叅議唐國相

右叅議朱繼中

蔡文魁

大理寺卿屠僑

左少卿周煦

左寺丞錢學孔
右寺丞魏有本
吏科都給事中高擢
户科署科事左給事中曾熫
禮科都給事中李充濶
兵科都給事中朱隆禧
刑科署科事右給事中李徽
工科署科事左給事中薛廷寵

浙江道監察御史　胡守中
雲南道掌道事江西道監察御史　張鵬
山東道掌道事江西道監察御史　陳情
廣西道掌道事浙江道監察御史　卞偉
江西道監察御史　陳情
四川道掌道事河南道監察御史　董珊
貴州道掌道事山西道監察御史　盧贊
湖廣道掌道事江西道監察御史　朱篪

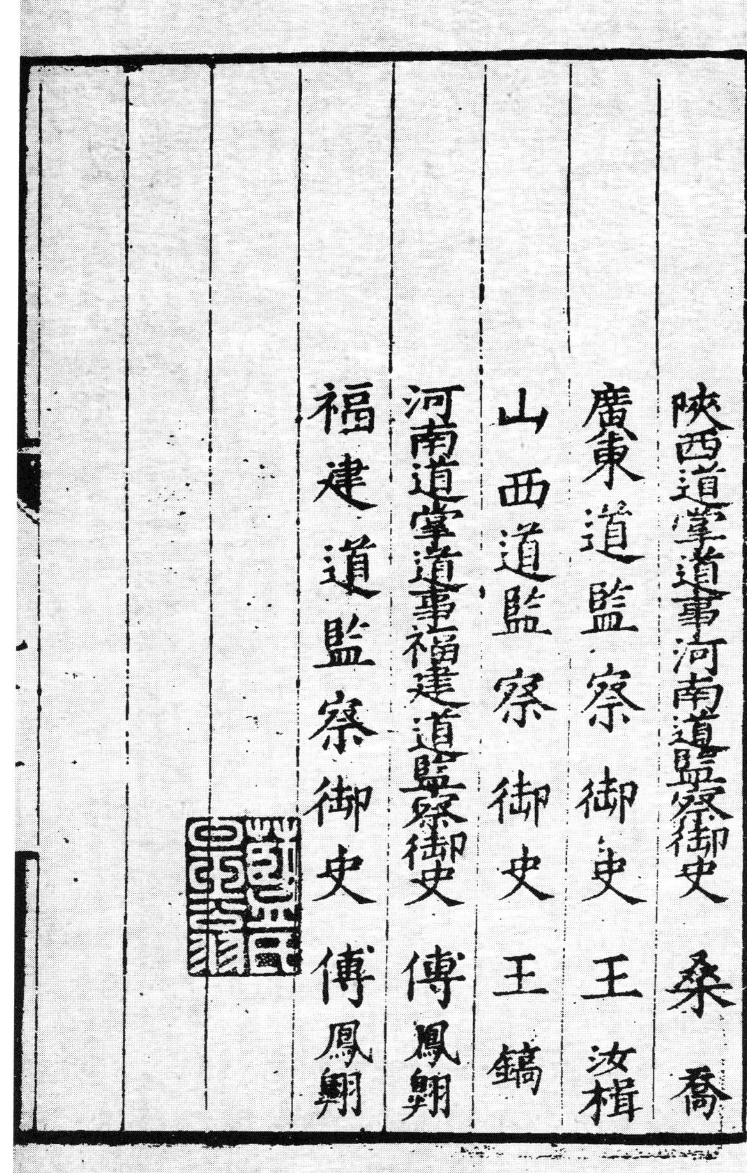
陝西道掌道事河南道監察御史　桑　喬

廣東道監察御史　王　汝楫

山西道監察御史　王　鎬

河南道掌道事福建道監察御史　傅　鳳翔

福建道監察御史　傅　鳳翔

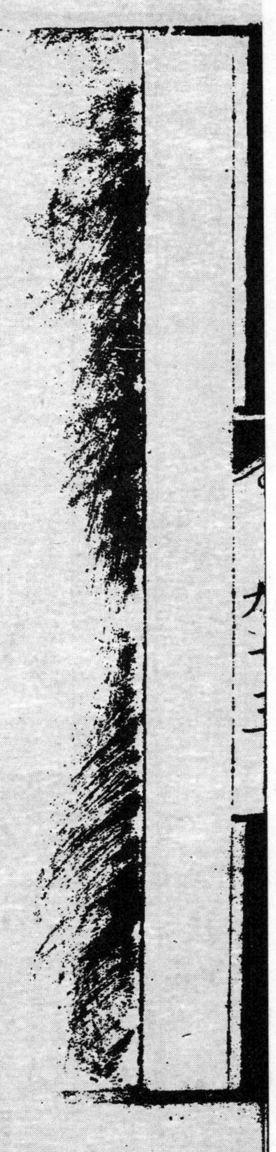

兵部爲欽奉

勑諭事職方清吏司案呈奉本部送兵科抄出提督
兩廣軍務兼理巡撫兵部右侍郎兼都察院左
僉都御史蔡經題前事照得臣於嘉靖拾陸年
閏貳月貳拾捌日節該欽奉
勑諭先該安南國黎寧奏稱國王黎晭故絕被賊臣
莫登庸作亂竊據國城阻絕道路因而久廢職貢
巳經差官查勘是實近該雲南鎮巡等官捉獲莫
登庸奸細阮璟等及僞造書印具奏前来的知此
賊僣擬名號僞置官屬好生背叛朝廷罪在不赦

特勑尒等各宜遵照該部題請事理即便調集兵
粮多方籌畫分道進兵恊力征勦招撫歸順之人
用爲鄉道凡茲撫剿事情尒等宜相機酌處務要
計出萬全期於僭乱底平罪人必得以彰天討以
安遠夷斯副朕委托之重毋或因循玩愒致誤事
機尒其敬之慎之故勑 欽此欽遵卷查先准兵部
咨爲陳情乞 恩正法以誅僭逆事該都察院
右都御史毛 奏爲前事本部覆題節奉
聖旨安南国久不来庭義當興師問罪近據黎寧奏
称其臣莫登庸簒逆阻絶朝貢未審真偽且着地

方官員從宜撫剿提督兩廣侍郎巡撫雲南都御
史并各總兵官都另寫勑與他欽此欽遵備咨前
来已經備行案仰兩廣都布按三司轉行掌印
守巡兵備副總兵叅將等官各一體欽遵查照
續又准兵部咨為　大慶事該巡撫雲南等處
地方都御史汪文盛題前事本部覆題節奉
聖旨莫登庸既篡逆本國又擅作大誥僭擬名號好
生背叛朝廷罪在不赦便勑雲南兩廣鎮巡等官
遵照前旨上緊多方計畫協力征剿務得罪人以
安南土欽此欽遵備咨准此已經會議通行兩廣

都布按三司各行鎮守副總兵各掌印并各守
巡管粮管屯兵備海道添註副使參將備倭等
官壹体欽遵并將兵馬錢粮多方籌畫如有不
足應該作何區處與夫招徠鄉道計設間諜探
探虛實體察險易及壹應合行機宜作速逐一
會同查議務集衆思區畫停當毋致臨時缺乏
遲違誤事具由通行呈奪以憑會議酌處施行
去後續據兩廣都布按三司等衙門左布政使
等官陸杰等呈為　大慶事各准本司咨關抄
奉臣等案牌前事依奉該左布政使陸杰萬

潮按察使祝續右叅政龔亨林士元副使葉照
鄧守愚翁萬達僉事孫世祐操松都指揮僉事
李時梁鼎會同鎮守廣西副總兵張經分守雷
廉高肇左叅將高誼分守郴慶右叅將沈希儀
議照征剿安南　國家大事兵馬糧草諸宜同
恩預計兩廣地方進兵陸路應分正兵叁哨壹
由思明府思陵州征進祿州西平州等處壹由
龍州羅回峒征進隘留關高平府等處壹由憑
祥州征進諒山長慶等處每哨漢達狼土官兵
伍萬名援兵叁哨每哨官兵貳萬名再分奇兵六

貳哨壹由歸順州征進上朗下朗廣源石林等處壹由欽州征進永安海東等處每哨官兵貳萬伍千名伍哨分撥輸運輜重兵夫壹萬名海道由廉州府發舟師征進都齋等處打造大烏艚戰船貳百隻每隻僉撥慣習波濤兵夫玖拾名大白艚戰船肆百隻每隻僉撥兵夫叁拾名共用舟師叁萬名大約水陸應調叁拾萬衆隨軍行糧每名日支米壹升伍合月支肆斗伍升歲支伍石肆斗大約應備糧米壹百陸拾貳萬石烏艚戰船每隻打造用銀伍百兩白艚戰船

每隻打造用銀陸拾兩共該銀拾貳萬肆千兩運夫舟師每名歲支雇募銀拾兩共該銀肆拾萬兩收買戰馬伍千匹每匹連鞍轡用銀拾柒兩共該銀捌萬伍千兩太平龍州等處裝運兵糧軍需打造百料船伍百隻每隻用銀柒兩看守水夫貳名貳百料船貳百隻每隻用銀拾貳兩看守水夫肆名每名歲支工食銀拾兩共該銀壹萬捌千兩盔甲弓箭刀鎗火藥旗號藥材共銀貳萬陸千兩犒勞羊酒魚鹽段絹布疋銀牌將官供給及軍中壹應器具共銀捌萬肆千

兩大約用銀柒拾叁萬柒千兩訪探逆虜水陸隄防前項兵糧皆所必用查得廣東肇慶神電增城從化等衛所漢達官軍叁萬捌千伍百陸拾柒員名廣西桂林平樂等衛所漢達官軍玖千陸百伍拾貳員名除守城守哨巡捕巡海守澳及軍門上班操守之外堪以征進官軍廣東壹萬柒百陸拾肆員名廣西壹千貳百貳拾員名廣西左右貳江土兵除龍州憑祥州上湅下湅貳州接壤交阯應合存留防守難以挈調外田州鎮安思明思恩歸順泗城南丹東蘭那地

等處正調加調共該土兵玖萬陸千叁百玖拾
名量存境內調遣防剿壹萬柒千陸百壹拾名
堪以征進土兵柒萬捌千柒百捌拾名又查得
廣東廣肇等拾府歲徵存留糧米叁拾捌萬捌
千柒百餘石嘉靖拾陸年分奉 詔及災傷蠲
免實徵米貳拾玖萬玖千餘石除拾柒年分歲
支官軍師生俸月糧米之外盡數徵完僅餘伍
萬石廣肇韶叁府歲派梧州府廣備倉米伍萬
石拾陸年分奉 詔蠲免外止派叁萬伍千石
布政司見貯軍餉銀捌萬伍千壹百壹拾陸兩

陸錢有零變賣番貨銀貳萬壹千兩有零正德嘉靖等年存留秋糧鹽鐵課稅等項銀共肆拾貳萬兩數內解京銀壹拾叁萬兩有零廣西桂梧等柒府歲徵起運省城本色米玖萬陸千壹百石折色糧銀肆萬壹千伍拾兩各府存留本折米貳拾肆萬陸千伍百石有零拾陸年分奉

詔蠲免叁分實徵糧米貳拾叁萬玖千捌百貳拾石糧銀貳萬捌千柒百叁拾伍兩中間賊占無徵約居其半歲支祿俸廩糧工食常不足用師行必以糧從伐遠尤宜慎慮竭兩廣之兵力尚欠

軍兵壹拾柒萬竭兩廣之倉庫尚欠米壹百貳拾捌萬伍千石銀叁拾肆萬壹千兩以壹年計之數且如此萬壹持日滋久益兵繼餉必舉天下全力及照太平龍州等處正係大軍發縱之地必先多方召商比之時價量爲增益糴買貯積以需轉運次將夏秋月分所屬俸糧改支折色量撥嘉靖拾陸年分存留糧米伍萬石原派廣備倉米叁萬伍千石俱改運龍太倉分上納次又空運廣肇瓊雷等府糧米伍萬石壹應戰具軍需等項先於廣東布政司動支軍餉銀兩

分發置備及海道舟師與騎征馬匹俱量行雇募收買取給目前之用再照攻心伐謀兵家所急先奉軍門行委副參添註副使等官統督惠州碣州衛所上班官軍貳哨神電海朗等衛所備倭官軍壹千員名戰哨等船叁拾隻前去廉欽分投水陸防禦及摘調鎮安田州向武等處目兵屯壓龍州憑祥聯絡聲勢歸順州逼近交阯境地自行防守又行各官親詣邊境設策投間招徠鄉道探聽虛實揆之機宜良已曲當合無壹面備行兩廣副參都司等官各查所屬甚

以征進漢達官軍督令鋒利器械修整衣甲各
赴軍門不時操練及嚴督左右二江思明田州
歸順等處土官衙門各要土官男孫挑選精銳
目兵多備軍器火器藥箭躬親帶領申明紀律
待報刻期啓行二面備行司道等官先於南寧
太平龍欽等府州積貯糧米去處預先修葺倉
囤督行潯梧南太等府設法多方召商糴買糧
米二十万石及量於夏秋月分所屬俸糧支給
折色改撥本處十六年分存留糧米五万石廣
肇等府原派梧州廣備倉三万五千石共于廣

潮高雷等府永豐等倉起運五万石俱赴南寧太平龍欽等處倉分交收一面備行廣東布政司動支軍餉銀二十万兩聽候分發置備軍需戰具雇募運夫舟師收買騎征馬匹及隨軍犒勞相兼折支行糧等項支用仍行司道官員審度次序條議呈允分投料理毋致臨時缺乏前項不足兵糧數目及境內一應接濟調度機宜事體重大並聽副參守巡添註副使等官招徠鄉道採探虛實至日另行從長區畫議呈奏請施行惟復別有定奪各職未敢擅專擬合呈請為

此今將會議過緣由具呈施行等因到臣據此
行間又據兩廣左布政使等官大杰等呈奉臣
等會批據分守柳慶等處地方右參將沈希儀
呈前事內開稱節奉軍門行委本職整搠所屬
漢土官兵聽調征討安南及料理一應事宜依
奉查得本屬右江鎮安歸順湖潤等府州寨俱
各密邇交阯彼中事情真僞兵糧虛實道里險
易并一應征討機宜易於周悉本職多方探訪
及密差柳州衛百戶駱玉前去前項地方體實
馳報以憑呈請議處隨據歸順州官男岑獻詳

取安南國僞印諭書一紙并該國万勝侯敘恩使正印信書一紙責差頭目韋柱同駱玉封送到職擬合呈送審驗并黏連手書一紙内開万勝侯敘恩使鄭肅書義烈侯敘恩使貴弟知會國與家同一理弟與兄同一體兄之與弟於祖父同其勳勞於國家同其休戚安危苦樂無適不相須茲以逆庸攘竊神器社稷丘虚生靈塗炭志節之士孰不痛心切齒期以食逆庸之肉報君父之讎如漢民歌吟思漢存愛戴王室之心況我兄弟忝以勳臣之閥肘腋之親世受厚

恩而不以匡社稷拯生靈爲念乎於元年柒月凡自老撾發回至良政州路上峒開隘其各處忠義諸將士已共尊立舊光紹第貳子爲主上愜天心下從民望名正言順如少康之陟迹宣王之復古以爲討賊安民之舉凡忠義英雄豪傑皆欣欣然響應奮勇效能以協贊討賊安民之舉報黎朝之恩立功名之會則匡社稷拯生靈在此會遇爲此信書差員阮之弩遞就轅門書到願貴弟推兄弟同氣相求之意國家休戚攸同之義上爲社稷下爲生民同力協規擔當

國事誓以殄國讎而奬王室以大義感激人心移檄報刻期合兵討賊乘勝略定進取京畿如郭汾陽起朔方之兵以匡復唐室以共立中興之奇功雪國家之耻副臣民之望昔之閒關旅寓兩處相望今則訢合壹堂賡歌喜起契龍虎風雲之會昔之衝冐矢石蹈危履險今則巖廊密勿搢笏垂紳而措泰山之安澤被生灵功施社稷夙昔之志獲償兄弟壹門聯芳播譽祖父之業益顯而將種名下無虛矣所為之言尚其希亮今肅書又明國事情如何在貴弟處置並具

本信報得實元和肆年肆月二十五日都元帥
印書萬勝侯叙恩使鄭押等因奉 此查得黎寧
前奏明稱係黎譓親生嫡長子立為世孫攝管
國事今據彼國萬勝侯手書却稱於元年七月
共立舊光紹第二子為主不知黎寧即今作何
下落光紹是否生有二子鄭惟憭見在聽審仰
陸布政等會同審究明實呈報及又看得諭書
一紙体格失當迹涉可疑況黎將口稟曾令鄭
惟憭閲驗亦自疑惑遽難准信仍行本官差人
根究來歷的實另行回報奉 此依奉該左布政

使陸杰萬潮會同鎮守副總兵張經按察使祝續右參政龍誥林士元副使葉照鄧守愚翁萬達僉事操松孫世祐左參將都指揮僉事高誼右參將都指揮同知沈希儀都指揮僉事梁鼎李時弔取鄭惟憭等董覆隔別譯審隨據鄭惟憭報稱鄭惟燮先為黎譓頭目領兵常在清華住劄與鄭惟憭俱叔伯之子若鄭惟憭前名為鄭禺被莫登庸監放改為鄭惟憭有弔鄭昂改為鄭惟忱莫登庸循呼為鄭嵑鄭嶢原鄭惟憭擄高平回去承差時鄭惟忱與姪鄭孔撇仍乎

據石林下畔依其所呼之名爲鄭嵎彼此相去懸隔何可相通許鄭惟憭作家書分行人從人一箇到鄭惟峻處則本國之事可明又稱今早所見書定知其真乃勝侯是鄭惟峻之號鄭惟憭差時見說他已去哀牢國請兵不得與他相會今他多年遠去並無回信他疑鄭惟憭去不得通又據前處故有此書來會者義烈侯是鄭惟憭之號十五年餘與鄭惟峻遠隔不會相見此書猶如舊名號及書詞可知其真兄弟相別時已有分付後日家書或已改名改號一依旧

名旧號定是真書矣黎㥀二子長子甲申年生
在清華第二子生在乂安聲聞許外家保恭鄭
惟㨾不得詳知生在何年不記何名書內説元
年柒月立光紹第二子爲其元和元年是
中國嘉靖十三年甲午年鄭惟㨾差在本年四月而
立光紹第二子在於本年七月此事未知若光
照則黎寧之號存殁事在彼中難以遥度等情
及譯審莫登庸遣來被獲奸細杜文莊報稱癸
巳年莫登庸差阮文都將光照赶出順化城差
頭月㧗之時有譚百步阮六等同光照走山林

走廣南鄰近占城住等情各取的筆口詞在案
竊照声罪之師所向固知無敵而出奇審勢兵
機實在所先兩廣副參都布按司道等官節奉
軍門明文調集漢土官兵振揚 天威而又諭
彼忠義為之鄉道誠以興師遠伐北之征劉沿
邊山海賊寇事體不同必先激發黎氏舊臣倡
義舉兵肆路分擊挫其鋒銳然後 天兵臨之
戰勝攻取以收萬全之功今據鄭惟憭呈凡鄭
惟峻之書嘉靖拾叁年柒月共立黎譓第貳子
為主是黎寧之存亡可知矣書中不及第貳子

為何名黎寧親信無出鄭惟憭之外且相與謀

閔患難共圖興復果有黎寧親弟安得不知名

字年生及查卷內黎寧奏稱父級頭目黎垌鄭

惟㜒何伯适阮元良等推立為世孫壹字不及

其弟雲南臨安府訪報武文淵等回文亦稱黎

譓被逐所生一子先名黎[illegible]亦名黎寧以理推

之鄭惟㜒為黎氏世臣不忍甘心事篡權立義

主將以鼓舞人心亦未可知及照安南之役方

將正名討逆而今黎氏餘裔之存且未辨其有

無何以激彼忠憤何以望彼恢復查據臨安衛

百户邵允中呈報土舍刀鮮差人見黎寧於本州帶去漆馬江約會似與鄭惟憭聞在乂安壹語略相照應臨安府知府姜恩又稱漆馬江居住者恐是黎寧別族裔細柱文莊又供稱癸巳年莫登庸差阮文都等攻取順化城黎寧敗走差頭目據之則黎氏之裔甚微而清華諸地亦非黎氏所有矣鄭惟憭又謂鄭惟㜪別時猶在清華今不知去向則激烈報主如鄭氏者且無定在矣兩廣境外諒山長慶高平海東等府衛皆已屬之登庸非若雲南地方猶有登庸讎敵

如武文淵刁鮮輩共爲犄角之勢若使鄉道未
集賊鋒未挫而　天兵直入賊巢老師匱餉恐
非所以度合機宜及照鄭惟憭謂伊弟鄭昂尚
據石林州下畔及訪聞阮元良與阮純僕尚據
武崖州之地相應傳諭各令招集舊人鄉道前
驅戮力討賊再照歸順州密邇交阯上朗下朗
貳州相去石林州不過三五日之程前項去逆
就順待時投附之人與黎譓遺脉委否真正責
其訪探必得的確合無晝夜仍行兩廣副參守
備守巡督餉管糧等官遵照節行事理整飭官

兵左右貳江土官衙門各要土官男孫帶領狼
土等兵各於要害地方時加操練武藝脩製鋒
利器械申嚴紀律待報搭行及行司府等官各
照派定糧草器械火藥什物数目壹體糴買窖
運造辦齊備並聽軍前取用毋致缺乏壹面責
令歸順州冠帶土官男岑瓛分投差遣的當目
人設法前去石林武崖等處訪採黎譓有無次
男鄭惟㙉書內所稱第貳子是否真正黎寧親
弟的是何名惟復假此名義為彼招徠忠義之
衛如果黎譓遺脉尚存居處有定而所部兵力

猶足以振奮圖存及探聽彼中賊情虛實消息
備由開報軍門奏　請先將黎氏量假名號增
其氣勢使可勉力自強圖爲恢復藉我　天朝
之威力號召彼國之遺黎隨地據裂各舉義兵
攻彼腹心爲我内應逆虜雖姦勢必顧左失右
進退無據于時相度機宜督兵出境分道夾攻
乘虛直擣自成破竹之勢　王師所向不煩攻
略而窠穴可虛不待血刃而俘馘可執庶幾必
窮之勢在彼而萬全之慮在我矣惟復别有定
奪擬合會案呈請爲此除行叅將沈希儀差人

根究諭書來歷徑自回報外今將緣由呈乞施
行等因各備呈到臣據此會同鎮守兩廣地方
總兵官征蠻將軍安遠侯柳珣議照伐罪正名
固 朝廷之大法安內攘外實征討之良圖是
故師雖貴於有名兵亦宜於多筭彼安南國自
陳暠倡亂而莫登庸父子相繼為逆已該兵部
會議題奉欽依備行撫剿茲者欽奉前
勑既欲嚴於討賊尤乃重於相機蓋以計必出於萬
全功庶收於一舉臣等待罪地方敢不祗承
聖諭仰贊 廟謨顧惟興師以伐外國揚威而懾遠

夷其事雖非一端而其大者則在積糧計兵而已今據各官所議兩廣地方水六進兵其路有六計兵姑以三十萬為率責限亦僅以一年為期合用糧餉已該一百六十二萬石而造舟買馬犒勞器械諸費又大約用銀七十三萬餘兩今查兩廣糧除歲支外既運空運及多方召買不過四十萬石是猶欠糧一百二十八萬餘石兵除哨守外漢兵土兵及多方雇募不過十二萬餘名是猶欠兵一十七萬餘名銀除見在外亦欠三十四萬餘兩然此特計一年之数

耳若使持日滋久益兵繼餉數又不止於此況
南寧太平廉欽等處地本偏方素無儲蓄縱令
極力計處而所產既少挽運且艱其勢亦難卒
辦夫糧以養兵粮少則食弗繼兵以威敵兵寡
則力弗全以是而遽行師誠恐舉動或輕機宜
未合揆之於計亦非所謂萬全也職等切謂兵
貴伐謀敵宜用間查得憑祥龍州歸順欽州及
海洋西路皆接安南近境必須就近體察則彼
之虛實可以周知人之歸附易於招致且聞莫
賊時遣舟師窺我西海則廉欽海道尤合隄防

兄經會行副使鄧守愚叅將高誼前去欽州副使翁萬達前去太平叅將沈希儀前去歸順各量帶官兵往劄區畫一以便於體察一以審其機宜及又嚴行各司將陸運空運并召買粮草作急預備其土漢官兵行令先期整搠聽候調用至於不敷兵粮俟各官區畫體察至日另行外然積粮整兵與察虛實此乃治其在我者耳職等以為今日安南之役固以討賊為名亦以繼絕為義而切要之機惟在於定其名分以激忠義之心以作靡弱之氣使自為敵之為愈也

蓋安南自莫賊篡黎之後姑自彼國而論勢亦相較雖有强弱之殊彼此相形猶有正僞之别訪得各府州縣所授僞官固多莫賊之黨然其間脅於兵力怵於利害外雖依從而心懷舊主者蓋亦有之惟以黎氏名位既失兵力且衰曲直尚隔於中夏聲援未藉於 天朝是故坐視莫敢先發若使查訪黎寧如果見在猶足自强於是量授名職稍假事權密切移文黎寧所據之地俾之播告國中以彰示我 天朝伐罪繼絶之意仍徧諭莫賊僞官有能去逆就順以其

土地人民願附討賊者即宥其罪猶録其官如或忠勇之人擒斬賊膚父子建立奇功即許徑赴我邊轉爲奏 聞厚加陞賞則彼名職既彰氣勢自倍而黎氏舊屬有所資賴將風動響應誓共討賊是我制其命彼效其力然後審度機宜或屯田以爲聲援或提兵而爲犄角而莫賊不足平矣但查黎寧原奏明稱爲黎譓嫡長子今據鄭惟㜂之書則稱於元年柒月共立舊光紹第貳子黎寧號爲光照而今則號元和且肆年矣昔謂據于清華而今則稱在木州其親信

如鄭惟憭亦且不知其第貳子之名及其所生
年月是黎寧存否巳不可知而所立者是否相
應或鄭惟峻等假立名義以鼓衆心亦未可知
矣夫使所立之第貳子果出黎譓則正派猶存
人心尚屬如使不然則名義未正豈惟彼國人
心渙不可收而我動調大衆雖雷霆之擊固不摧
折而勞逸之形似亦宜於審處也但查係鄭惟
峻私書雖經伊堂弟鄭惟憭閱驗真實然事在
彼中相應勘處緣蒙　勑下兵部查議合無仍行臣等
責令歸順州岑懋祥等州選差諳曉彼國道路

人員密切前去訪採黎寧作何下落即今所立
是否黎譓之子或鄭惟㦖等別立他類以假名
義如使黎寧猶在或今所立的係黎譓正派取
具印信結狀圖譜前來即爲奏 請伏乞
勑下該部再加詳處或如臣等前議施行則彼之援
立不虛而我之內應有托且于其時兵糧既集
舉而措之必事半而功倍矣等因又該廣東等
處承宣布政使司廉州府欽州知州林希元奏
爲走報夷情請急處兵以討安南事安南不庭
往者 朝廷差官往勘 命將討罪臣已將彼

中事情征討事宜具奏去後茲復有所聞臣不容默請一一為

陛下陳之臣節據時羅都生員黃洪謀者黃禮等報一安南國王城去海三十里嘉靖十六年二月二十八日海嘯水沒王城崩城墻一面人民死者二萬有餘牛羊無數此天將亡安南之兆也一莫登庸嘉靖十六年陸月間

朝廷欲討罪立其子莫福海之子莫福源為偽太孫欲以今春嗣位莫福海出守于外赦民間徭役三年此知人心不附父子祖孫分守境土以自固又因之以收人心也一莫

登庸聞之　朝廷欲討罪於所居都齋及海東府造船四百餘隻比常極大此欲為勢窮逃竄入海之計也一莫登庸聞　朝廷欲討罪於其國永安萬寧等州縣選民年二十至四十者各五十人赴國都教練此欲為防禦之計也臣考永樂中交阯布政司州縣一百二十九每州縣選兵五十不過七千人爾二莫登庸嘉靖十六年六月差人由海上至廉州府合浦縣地方被哨海兵決獲得一名社文莊供稱莫登庸差來察探事情亦欲窺我之動靜也一莫登庸嘉靖十

六年六月聞 朝廷欲討罪隨於八月領兵三萬攻黎寧戰敗死者一萬殺死大臣四人此莫登庸詐稱黎氏巳絶嘗以是求封一聞 朝廷查貢計罪急欲滅黎氏以飾詐不知反自禍也一嘉靖十六年十二月二十九日臣撥守上扶隘官旗軍武漢等擭送歸正人黃伯銀到州其來歸本末具在別奏臣因審莫登庸兵馬强弱供稱安南法每州縣歲取年二十上下者三十人撥各處防守因連年與黎家相攻嘉靖十五年死者六百人十六年死者一萬人丁壯不足故選及年四十者五十人

以此觀之莫登庸虛實具可見也臣按安南僻處一方考其土地人民猶不能當吾廣東一省接壤吾境又非若朝鮮有崇山大海之限隔漢晉隋唐皆爲郡縣因五季之亂而失之宋人所以不能復者蓋其創業之初武業已不競燕雲近在門庭尚不能復況能遠及交阯乎　本朝所以既得而復失者蓋平定之後遽掣三師之兵不若雲南之留重鎮又各處防守官軍苟簡廢弛加之賊殘黨未盡除新附之人心未固而易動當時鎮守刑部尚書黃福知有後患已預言之在朱崖新

阯漢光武初造猶不能保其無變況安南乎以
此觀之乃人謀之不臧非安南終不可守也今
其賊臣刈據土宇分崩日動干戈鷸蚌相持盡
民糜爛而無主地道不寧而告变如黄金廣等
往以　敕書招之而不至今其孫不招而自來
海嘯崩城殺人亙古所無者矣意人心可知
也且以數郡之民父子祖孫分據而三君供億
頻繁而戰鬬不已其勢豈能久存今傾一國之
兵以戰破敗之殘黎不能勝而屡敗至覆大師
與大將則登庸之志不與兵力不振覆亡之勢

已見於此矣臣細審黃伯銀者　王師入境皆
後后稽首之民其間必有倒戈俘賊以獻者莫
登庸既不能陳昇閏已亡黎氏似亦當替以臣
觀之安南一塊之土終無獨立之理其勢必析
而入中國是誠天道好還夷運將終交阯復合
之時良由我　皇上聖德格天風行化外
皇天眷祐我明將全付畀我　皇上以金甌一統之
大業也可謂萬世一時矣或者以今財力方屈
爲疑臣熟計安南之兵不過二十萬二年之食
所費不過銀一百六十萬兩粮四百萬石豈

以天下之大不能辦此如臣所處又有不全取之官與民而可以足兵食者況既得安南所入又豈止於此哉若以用兵言之自古用兵安南者無有不勝惟巧於逃遁以延我師北人至彼不習水土往往不能久而引去此安南之長技所以待我者此也如漢馬援征交趾女子徵側逃入金谿穴中二年然後得元討陳日烜屢逃海港三年不能得 本朝永樂中討黎季犛陳季擴輙逃海島三年然後擒往事可驗也今莫登庸造船都齋實壟日烜犛擴故智臣節奉上

司明文該司禮監傳奉

聖旨安南叛亂已有旨征討占城國乃其鄰壤宜勑其國王整兵犯截勿令奔逸欽此　聖神料敵遠中機宜真所謂　天子明見萬里之外者矣臣愚竊謂防之於鄰境尤當防之於門庭防之門庭則海上之兵爲最急海上之兵則福建漳泉爲上廣東東莞南頭次之然潮廣廣西雲南土兵俱有頭目總領福建廣東之兵俱散在民間素無頭目總領若領於郡縣之官則舟楫風濤非其所習又技不相知情不相得彼固不肯爲

此用此亦不能用之臣愚謂可就其中擇有智勇爲衆所推服者假以土指揮千百户之名使統領其衆各自爲戰如能發立奇功就使即真與武職一體陞賞無功可録者事罷照舊爲民如此則彼必致死以立奇功其下亦必致死以爲之用或謂名器不可輕與人非也昔漢高帝時陳豨反令周昌選趙壯士可將者自見四人高帝嫚駡曰豎子能將乎四人慙伏地封各千户以爲將左右諫曰封此何功高帝曰非汝所知陳豨反趙代地皆豨有吾以羽檄徵天下兵

未有至者今計唯獨邯鄲中兵爾吾何愛四千户不以慰趙子弟皆曰善今安南之地尺寸非吾有而海上之兵未有將者又何愛上指揮千百户之虛名不以駕馭英傑濟吾事乎然此一節也又以大體言之向者　大號渙頒聲罪致討　命將出師大將副參遊擊總餉紀功等官俱已差點續奉　明旨暫且停止今雲南兩廣撫鎮官隨宜撫剿臣愚謂往者此間兵粮未備者　王師卒至輕進不可　王師久頓非兵之利也　明旨纔師可謂得勝筭矣然欲倚此成功臣恐未必

能何也當此時未舉之先形迹未露今兩廣㑹南撫鎮圖之沉幾密謀定而速發使彼不暇為謀則可以得志今形迹已露聲色已聞於外夷我兵未集彼備已深忽焉中变彼謂 朝廷不急於此必有相易之心彼亦未知 朝廷意向必不敢輕去逆賊歸屬於我此一慮也又兩撫之兵事權不一彼此或不相應恐誤大事如宋討黎桓侯仁寶率兵先進孫全興等乃頓兵不進宋御金師宣撫令進軍樞府一面令退軍此事權不一之驗也臣按今西北二邊撫鎮俱有

大臣一員爲總制今安南之寺又非西北二邊常時寇掠之虜比也宜照二邊事例置總制大臣一員庶事權歸一大事不誤以大功可成又兩撫之兵大將出於膏粱之餘恐未必能任大事將佐則副參都司指揮千百戶爾此何足以懾服遠夷臣愚謂宜遵照

前旨大將命於

朝必擇素有聞望爲衆所推服者副參遊擊而下令兩廣雲南撫鎮擇所屬武職素有才望如沈希儀者充之福建廣東海上之兵宜添置横海將軍各一員以海上備倭指揮素有才望如湯

慶者充之兵行以食為先總餉大臣自不可少紀功科道所以覈功實驗勇怯鼓人心作士氣尤為要緊戰前奏款五路進兵今計實三路爾宜改七源州之兵從欽州進海上二支之兵與欽州為一路戰考漢史馬援征交趾軍至合浦詔令并領樓船將軍段志之兵以進蓋水陸並進也三路進兵宜各遣紀功官二員戰復有獻焉行兵所至納降為先安南人心既屬在

本朝可因而導之宜明立賞格其國群臣百姓有能執莫登庸父子以獻者封以侯伯以府降者

敉以指揮以州降者授以千户以縣降者授以
百户若莫賊繫頸自歸亦待以不死仍量與官
戩則人心響應賊膽自寒兵不血刃而大功可
成矣戩聞帝 王之兵以全取勝今以中國而伐
遠夷使舉動不出於万全而万有一失焉所損
不細戩忝守边州有疆埸之責欵求万全之筭
故不避繁瀆之罪謹昧死為 陛下陳之頓
陛下與廷臣計議擇可而行實 國家 宗社万年
無疆之休也等因又該本官奏爲陥夷舊
民歸正復業事嘉靖十六年十一月二十九日

據本州貼浪都峒長黃里貴遞到安南澌凛等峒土官黃伯銀黃福添黃音黃福內黃結黃瓷黃子銀七員名詞狀一紙內稱上祖原係廣東廉州府欽州貼浪如昔二都土官宣德六年被安南國侵古二都土地卿村人民二百七十二戶男婦三千四百餘口粮米八十餘石俱陷入安南國收留被伊逼令短截頭髮并封祖黃金廣黃寬偽官懷遠將軍経今百有餘年各人父祖時常思憶祖宗鄉土無由歸還近幸安南國紊亂伯銀并各土官人等領率一十九村人民

見在一千二百餘口心願復業歸順　本朝復
為良民等因臣以舊民慕歸彼國人心屬在
本朝可見大兵入境就可用為嚮導但大兵未到
未敢輕發至十二月二十八日據巡守土扶隆
營旗軍武漢等呈送獲得交阯夷人黄伯銀與
男黄父愛二名到州臣等會同欽州守備㢘州
衛指揮孫正當堂審據黄伯銀供稱先於嘉靖
九年六月趙盤趙溥招來投降在本州居住至
十一年十二月逃回今年六月聞　天朝要討
安南伯銀等又思復業本年十一月二十五日

具狀託老峒長黃里貴投告本州至今未見進
香伯銀與子黃父愛前來本州貼浪都上扶隆
村打聽被廷捕軍人捉得等語職查嘉靖九年
卷宗州民黃康鎮與廣西狼目趙盤趙溥等招
回黃伯銀等男婦九十四名口本州申家上司
行勘黃伯銀等的係黃金廣等子孫已經行州
稟給議安插續後風聞州民黃晋保欲引夷人
前來追捕黃伯銀復行文將伊遞回安南國黃
伯銀等聞風惧怕俱各陸續逃去與今供詞大
畧相同職考黃伯銀之先係山東人有祖萬定

從漢馬援征交趾留守欽州生子黃令欽等七
人分管澌漂古森金勒了葛思牙那蘇時羅七
谿峒世為長官司俱有印信孫支繁衍散處分
為時羅如昔貼浪三都今三都之民皆黃姓實
本此也至我　朝啓運始廢官收印降為編民
然猶得世為峒長管轄其方人民至宣德年間
棄交趾布政司安南遂侵占本州如昔貼浪二
都四峒之地授澌漂峒黃金廣古森峒黃寬金
勒峒黃子嬌了葛峒黃建皆為懐遠將軍子孫
世襲經畧僉事黃伯銀乃黃金廣之孫黃福添

乃黃寬之孫葛陽原土官黃音河州土官黃福
內古弘土官黃繼羅淨原土官黃資葛酉原土
官黃子銀其祖皆四峒之民陷入安南與世襲巡
檢守把葛陽等各鄉村也安南得四峒之地遂
以貼浪都地置新安州又該萬寧縣爲萬寧州
徙治如昔都又移永安州於本州如昔特羅貼
浪貳都兼界境土皆以固守禦圍防茂侵越也
本州舊管中和城東新立永樂如昔特羅貼浪
等十都既失如昔貼浪二都以二都餘民歸併
作貼浪一都不及半里州民有遺恨每新官到

輙來告言臣查得正統陸年巡按廣東監察御史朱　曾奉　璽書親至本州時羅都出榜登山建旗招黃金廣等不至因名其山曰招遠尚有刻石及榜文見在景泰肆年思牙峒長黃應彬等又因前項土地人民被安南侵占糧差負累具本赴京奏差戶部吉侍郎前來勘處後因地方有事事縣未結奏案見在以是觀之則黃伯銀等乃　先朝之所爭而不可得今則不招而自至實由我　皇上　聖德覃敷無遠弗屆故陷夷舊民聞風相率而至也臣訪得黃伯銀

等祖父雖歸安南世襲僞官然入國則服夷服
至家仍衣華衣當官則稱萬寧新安州歲時祭
報猶稱　大明廣東廉州府欽州貼浪如昔都
其心實未嘗一日忘　中國臣前具奏安南事
情已嘗言之今共告稱各人父祖時常思憶祖
宗鄉土無由歸還今願率一十九村人民一千
二百餘口願復業歸順　本朝復為中國良民
非虛語也臣聞　聖人在上外夷內夏以及昆
蟲草木無不各得其所夷而進於中國則華之
中國陷於夷狄則臣之故孔子稱管仲之功曰

一匡天下民到于今受其賜微管仲吾其被髮
左袵矣黄伯銀等久淪夷狄短髮跣足百有餘
年父祖子孫特思鄉土誠我　皇上之所必匡
孔聖之所憫也目今有事安南黄伯銀等首先
来歸求復鄉土臣謂宜乘此時　宣責安南使
歸我侵土還我人民將黄伯銀等厚加撫集以
慰百年懷土之思仍量與一官以爲遠人慕義
之勸將見遐邇聞風四郊響應　王師所至必
有壺漿倒戈之民兵不血刃而大功可成矣如
蒙　允臣所奏乞下廷臣集議從長施行

國家之幸遠人之幸也等因俱奉
聖旨兵部看了來說欽此欽遵通抄送司案呈到部
為照逆庸父子蠻土賤臣夷裔小醜乘機危亂
輒肆兇姦數虐夷民篡逼國主僭稱大號偽置
官屬甚至干犯不法擅作大誥上表
天闕輒用王章罪大惡極死有餘辜近該本部等衙
門會議題奉
欽依遣總督參贊官前去兩廣雲南地方居中調度
節制撫鎮等官相機行事及招諭彼國動調上
兵分道進剿今總督侍郎蔡經將調度兵糧等

項事宜及知州林希元又將走報夷情并陷
舊民歸正復業等情各具奏前來臣等反覆參
詳仰見
天威遠加蠻邦震懾義男爭奮畏心已摇逆虜父子
勢漸窮促合就正名討罪刈彼兇殘于以慰一
方未蘇之望解夷民倒懸之危但事体重大宜
集衆思合候
命下本部將各官所奏會同五府六部都察院通政
使司大理寺堂上官及六科十三道掌印官詳
一從長議處具奏

定奪緣係欽奉
勑諭及走報夷情請乞處兵以討安南并陷夷舊民
歸正復業及奉
欽依兵部看了來說事理未敢擅便等因嘉靖拾七
年四月初四日太子太保兵部尚書張　等具
題本月初六日奉
聖旨是便會官逐一議處來說欽此欽遵臣等會
同後軍都督府掌府事太師兼太子太師武
定侯郭勛等太子太保吏部尚書許　等議
得征討安南事體重大謹遵奉

明旨逐一議處合就開立條件伏乞
聖裁緣係欽奉
勑諭幷走報夷情請急處兵以討安南陷夷舊民歸
正復業及奉
欽依是便會官逐一議處來說事理未敢擅便開坐
謹題請
旨

計開

一總督軍務總兵官咸寧侯仇鸞請給
制勑佩印而行乞

欽定名號下禮部查給如無另行鑄造參贊軍務[illegible]
部尚書兼都察院右　都御史毛伯溫請
給
勅書鑄給關防其餘將領查照原擬題奉
欽點官員左副總兵江桓參將楊鼎田茂遊擊樊
泰蕭真鼎前往雲南領軍右副總兵牛
桓右參將孫繼武高誼遊擊湯慶陳偉
前往兩廣領軍各請
勅行事悉聽總督參贊官節制調用敢有違拗不
聽約束聽總督參贊官指實參奏從重

治罪內孫繼武蕭直訛近俱爲事革任合
扵原推未點官員內將程鍌補孫繼武
充右參將邵鑑補蕭木訛充遊擊伏乞
聖裁其總督參賛副參遊擊等官合用
符驗旗牌行令各該衙門請給施行
一查得永樂年間征進事例合用漢土官
軍近在兩廣雲南遠則四川福建湖廣
江西并各處狼兵土兵苗兵鈎刀手等
兵及近日雲南巡撫都御史汪文盛開
報老撾車里八百等宣慰司及歸順廣

陵等州土兵犽武文淵等兵隨其地里
遠近官軍多寡悉聽總督𠫭賛官隨宜
調取其經過住劄地方責令該管官員
嚴加禁約不許擾害地方致失人心
壹總督與𠫭賛官職專閫外重寄凡壹應
用兵進止事宜悉聽便宜行事除兩廣
雲南總兵總督有事計議而行其餘副
𠫭以下并各該地方撫鎮三司等官俱
聽節制三司以下官員聽從委用敢有
推避指名𠫭奏治罪

壹奏

旨點差紀功科道等官移文各該衙門經自請

勑查照原擬地方遵奉施行

壹軍餉錢糧戶部查照兵馬經過住劄去

處多方處置糧料草束以備緊急支用

毋致臨敵缺乏其督餉文職大臣并所

屬官員仍查照

欽定官員及各該地方請

勑前去遵奉施行

壹進兵之日先行傳諭各該關隘要害去

處嚴加把截以防奔逸仍行附近軍衛
有司等衙門謹守城池海道備倭官員
嚴巡海洋以備不虞
壹賞賜軍前所急用不可缺者其銀牌段
絹幷賞賜銀兩行總督參贊官到彼徑
自查處施行
壹賞罰所以激勵人心者各該將士有能
擒斬渠魁或有名從賊悉聽總督參贊
等官從重議加陞賞其餘首級查照見
行事例中間如有故違節制臨陣退縮

聽總督參贊等官以軍法從事

壹漢土官軍經過往回處所須預備鍋釜槽鏟等物以便應用工部轉行各該地方撫按等官俱要預委能幹官員將一應該用鍋釜槽鏟等物整理齊備以待官軍到日應用不許遲誤

壹各處調用漢土官軍先令各該撫巡等官會查在官銀兩俱照各處征進事例量給犒賞路費其將領土官頭目務要加厚以勵人心

亶叅賛尚書毛伯温先條奏六事皆切於
軍務已經本部議擬覆題合聽總督叅
賛官查照施行其餘未盡事宜并别有
長筭不可行俱聽總督叅賛官應便宜者
便宜舉行應奏
請者奏
請定奪等因嘉靖拾柒年肆月拾叁日兵部等衙門
太子太保尚書等官張　等會題本月
拾伍日奉
聖旨安南此事識體達道者則見得分曉朕聞鄉士

士大夫私相作論謂不必整理他係部裏二三次
會議也不見力主何處爲正旣都不協心國事且
罷仇鸞毛伯温著在京别用欽此

太子太保兵部尚書臣張瓚

左　侍　郎臣樊繼祖

右　侍　郎臣張衍慶

後軍都督府掌府事太師兼太子太師武定侯臣郭勛

襄　城　伯臣李全禮

南　寧　伯臣毛良

左軍都督府掌府事靖遠伯臣王瑾

定　國　公臣徐延德
右軍都督府掌府事太子太傅宣城伯臣衛錞
成　山　伯臣王洪
彰　武　伯臣楊質
中軍都督府掌府事東寧伯臣焦棟
豐　城　侯臣李熙
都　督　僉　事臣江桓
前軍都督府掌府事太子太保遂安伯臣陳鏸
廣　寧　伯臣劉泰
成　安　伯臣郭瓚

太子太保吏部尚書　許讚

左侍郎兼翰林院學士　張潮

右侍郎　李如圭

戶部尚書兼翰林院學士　李廷相

左侍郎　唐冑

禮部尚書兼翰林院學士　嚴嵩

左侍郎兼翰林院學士　張璧

右侍郎兼翰林院侍講學士　蔡昂

太子少保刑部尚書　唐龍

右侍郎　周期雍

工部尚書兼翰林院學士臣溫仁和
左侍郎臣吳大田
右侍郎臣江曉
提督團營太子少保兵部尚書兼都察院左都御史掌院事臣王廷相
左副都御史臣宋景
右副都御史臣秦鉞
左僉都御史臣王杲
右僉都御史臣杜柟
通政使司通政使臣鄭紳
左通政臣蔡子彙

右通政臣鄭紳

左參議臣唐國相

右參議臣朱繼悳

臣蔡文魁

大理寺卿臣屠僑

左少卿臣周煦

左寺丞臣錢學孔

右寺丞臣魏有本

吏科都給事中臣高擢

戶科署科事左給事中臣曾烶

禮科都給事中臣李充濶

兵科都給事中臣朱隆禧

刑科署科事給事中臣馬汝彰

工科署科事左給事中臣薛廷寵

浙江道監察御史臣胡守中

雲南道掌道事河南道監察御史臣董珊

山東道監察御史臣周南

廣西道掌道事浙江道監察御史臣卞偉

江西道監察御史臣陳情

四川道掌道事河南道監察御史臣黃綬

貴州道掌道事河南道監察御史臣桑喬

湖廣道掌道事江西道監察御史臣朱箎

陝西道監察御史臣馮震

廣東道監察御史臣王汝楫

山西道監察御史臣盧瓚

河南道掌道事江西道監察御史臣張鵬

福建道監察御史臣陳玨